聞いて話す

初級中国語インテンシブ

小嶋美由紀・李佳樑 著

白帝社

WEB 上での音声ファイルダウンロードについて

■ 『聞いて話す 初級中国語インテンシブ』の音声ファイル（MP3）を無料でダウンロードすることができます。

「白帝社」で検索，または下記サイトにアクセスしてください。

https://www.hakuteisha.co.jp/news/n46166.html

※別途ダウンロードアプリや解凍アプリ（Clipbox など）が必要です。

スマートフォンからは上記 URL を直接入力するか，右の QR コードでアクセスすることができます。

■ 本文中の 000 マークの箇所が音声ファイル（MP3）提供箇所です。ファイルは ZIP 形式で圧縮された形でダウンロードされます。

■ ダウンロードがご不便な場合は，実費にて CD に音声を入れてお送りします。下記までご連絡ください。

　　㈱白帝社　電話 03-3986-3271　E-mail：info@hakuteisha.co.jp

■ 本書と音声は著作権法で保護されています。

ご注意

＊ 音声の再生には，MP3 ファイルが再生できる機器などが別途必要です。

＊ ご使用機器，音声再生ソフトに関する技術的なご質問は，ハードメーカー，ソフトメーカーにお問い合わせください。

■「補足資料」「課・セクション別 語句一覧」をダウンロードしてご利用いただけます。

必要なページをプリントしたり，タブレット上で開いて使用すれば，より学習効果が高まります。ぜひご利用ください。

https://www.hakuteisha.co.jp/book/b596401.html

まえがき

　本書は、中国語初修者の聞く力と話す力の育成に重点を置いた教材である。テキストは発音編 8 回と本編 18 課からなり、1 課を週 2 回の授業で学ぶペースであれば、1 年間で学び終えることができる。準拠する『汉语课本』（白帝社）で発音や文法の知識を身につけるのと並行して、本書で音源を利用したより実践的なドリルに取り組むことにより、知と実が融合した中国語習得を目指してほしい。更にステップアップを目指す学習者には、18 課の後の「チャレンジ編」にも是非挑戦してもらいたい。

　発音編では、ただ音声を聞き流すのではなく、流れる音声に続いて自らも発音し、中国語のリズムや抑揚（声調）を身体に覚えさせるのがよいだろう。また時には、ピンインを見てまず発音し、そのあと音声を聞いて、自分の発音が正確かどうかを確認する作業をしてもよい練習になるだろう。

　本編各課は 2 つのセクションからなり、1 セクションにはテーマを同じくする 2 つのスキットがある。実践的なリスニング力を培うために、辞書記載の音声情報にこだわらず、あえて母語話者の多くが用いる口語音を採用した。ドリルをこなしていく過程で何度もスキットを聞き、内容の理解を深めてほしい。また、スキットの中の相槌や応答表現に注目することで、微妙で絶妙な感情表現が中国語にも豊富にあることを学べるだろう。会話文のピンイン及び日本語訳は、補足資料として白帝社のウェブサイトからダウンロード可能であるので、ピンインを簡体字に直したり、日本語訳を手掛かりに中国語でロールプレイをするなど、授業内外での学習に役立ててほしい。

　最後に、本書を作成するにあたって、東京大学の小野秀樹先生、賈黎黎先生、毛興華先生、東京大学名誉教授の楊凱栄先生に非常に有益なご助言をいただいた。心からの謝意を示したい。ご講演内容を「チャレンジ編」に転載することにご快諾くださった莫言氏にも厚く御礼申し上げたい。また、音源の録音と原稿の校閲にそれぞれご協力頂いた東京大学教養学部 LL 準備室の小山内詔子氏、中国語部会事務の笹川美奈子氏、編集作業をお手伝いくださった関西大学大学院外国語教育学研究科院生（当時）の中森靖代氏と邵剣鋒氏、刊行に到るまでご尽力くださいました白帝社の佐藤多賀子氏にも感謝の意を表したい。

2023 年 3 月

小嶋美由紀　李佳樑

目 次

まえがき

補足資料（ピンイン・日本語訳） ⇨ PDF ファイル ダウンロード
課・セクション別 語句一覧 ⇨ PDF ファイル ダウンロード

■「補足資料」（ピンイン・日本語訳）と「課・セクション別 語句一覧」をダウンロードしてご利用いただけます。
必要なページをプリントしたり、タブレット上で開いて使用すれば、より学習効果が高まります。
ぜひご利用ください。

https://www.hakuteisha.co.jp/book/b596401.html

表紙デザイン: 細谷桃恵
挿絵: トミタ制作室

発音編

第1回 音節の構造・声調・単母音

1. 次の[ ]内の語群から空欄を埋めるのに最も適切なものを選びなさい。2回以上使っても構わない。

[韻頭、韻尾、主母音、声調、音節、母音、介音、声母、韻母]

　　中国語は原則として1文字が1 ⑴ _____ となる。⑵ _____ は、頭子音である ⑶ _____ とそれに後続し、⑷ _____ を核とする部分である ⑸ _____ と⑹ _____ 全体にかかる音の高低変化である ⑺ _____ の3要素からなる。⑻ _____ は更に ⑼ _____ の直前に現れる渡母音で、「⑽ _____ 」とも呼ばれる ⑾ _____ と、⑿ _____ の韻腹と ⒀ _____ の直後に現れる末音の ⒁ _____ に細分可能である。これらの諸要素で不可欠なのは ⒂ _____ である。その次に重要なのは ⒃ _____ である。

2. 各声調の名称と合致する声調符号および説明を線で結びなさい。

第1声・　・ ˇ 　・音域の中程から最高点へ直線的に引き上げる。
第2声・　・ ￣ 　・1音節を丁寧に発音した場合を除き、低く押さえつける。
第3声・　・ ˋ 　・最後が落ちないように、音域の最高点で平らに引く。
第4声・　・ ´ 　・音域の最高点から最低点へ向けて急速に落とす。

3. 声調符号の付け方に留意しつつ、誤ったピンイン表記を直しなさい。

　⑴ (誤) ňa → (正) _____　　⑵ (誤) mǐ → (正) _____

　⑶ (誤) laí → (正) _____　　⑷ (誤) lìu → (正) _____

🎧002
4. 音声を聞き、発音されたものに○をつけなさい。

⑴	mā	má	mǎ	mà	⑵	mā	má	mǎ	mà
⑶	mā	má	mǎ	mà	⑷	mā	má	mǎ	mà
⑸	mī	mí	mǐ	mì	⑹	mī	mí	mǐ	mì
⑺	mī	mí	mǐ	mì	⑻	mī	mí	mǐ	mì
⑼	lī	lí	lǐ	lì	⑽	nā	ná	nǎ	nà

5. 音声を聞き、**2番目に**発音されたものに〇をつけなさい。

(1)	ā	ǎ		(2)	ā	á
(3)	ǎ	à		(4)	á	à
(5)	yī	yí		(6)	yǐ	yì
(7)	wù	wǔ		(8)	wú	wū
(9)	yǔ	yú		(10)	é	ē
(11)	ǒ	ō		(12)	è	èr
(13)	é	wú		(14)	wǔ	yǔ

6. 音声を聞き、**3番目に**発音されたものに〇をつけなさい。

(1)	ā	á	ǎ		(2)	yí	yì	yǐ
(3)	wù	wú	wū		(4)	ō	ǒ	ò
(5)	yǔ	yū	yú		(6)	è	ě	é
(7)	è	yù	yì		(8)	yí	á	wú
(9)	èr	è	wù		(10)	ó	é	ò
(11)	ǎ	á	ěr		(12)	ē	ér	wú

7. 音声を聞き、読まれた順番を［ ］に書きなさい。

(1) ā　　á　　ǎ　　à　　yī　　yí　　yǐ　　yì
　　［ ］　［ ］　［ ］　［ ］　［ ］　［ ］　［ ］　［ ］

(2) mā　　má　　mǎ　　mà　　mī　　mí　　mǐ　　mì
　　［ ］　［ ］　［ ］　［ ］　［ ］　［ ］　［ ］　［ ］

(3) nā　　ná　　nǎ　　nà　　nī　　ní　　nǐ　　nì
　　［ ］　［ ］　［ ］　［ ］　［ ］　［ ］　［ ］　［ ］

(4) lā　　lá　　lǎ　　là　　lī　　lí　　lǐ　　lì
　　［ ］　［ ］　［ ］　［ ］　［ ］　［ ］　［ ］　［ ］

(5) ā　　ō　　ē　　yī　　wū　　yū　　ēr
　　［ ］　［ ］　［ ］　［ ］　［ ］　［ ］　［ ］

(6) à　　ò　　è　　yì　　wù　　yù　　èr
　　［ ］　［ ］　［ ］　［ ］　［ ］　［ ］　［ ］

(7) ǎ　　ō　　ē　　yí　　wǔ　　yú　　ér
　　［ ］　［ ］　［ ］　［ ］　［ ］　［ ］　［ ］

8. 音声を聞き、声調符号をつけなさい。

(1) a   (2) o   (3) e   (4) yi   (5) wu

(6) yu   (7) er   (8) ma   (9) ma   (10) ni

9. 音声を聞き、ピンインを書きなさい。

(1) [　　　　　]   (2) [　　　　　]   (3) [　　　　　]

(4) [　　　　　]   (5) [　　　　　]   (6) [　　　　　]

(7) [　　　　　]   (8) [　　　　　]   (9) [　　　　　]

10. 音声を聞き、そのあとに続いて正確に発音しなさい。

(1)	ā	ō	ē	(2)	yí	wú	yú
(3)	ǒ	ě	yǐ	(4)	ā	ó	ě
(5)	wū	yú	ěr	(6)	é	yī	yù
(7)	ǒ	yì	ér	(8)	à	wú	yū
(9)	ǒ	yǔ	é	(10)	ó	é	ò

11. 音声を聞き、[　] にピンインを入れ、そのあと正確に発音しなさい。

(1) 饿   (2) 雨   (3) 鱼   (4) 雾   (5) 舞

[　　]   [　　]   [　　]   [　　]   [　　]

12. 発音しながら、次の単語のピンイン・簡体字・意味を覚えなさい。

(1) nǐ　你　　（二人称単数）君，あなた，おまえ

(2) yī　一　　［数詞］1

(3) èr　二　　［数詞］2（序数にのみ用いる）

(4) nà　那　　［指示詞］あの，その

(5) wǔ　五　　［数詞］5

(6) āyí　阿姨　　おばさん（母の姉妹），家政婦

第2回 声母（その1）：b p m f d t n l z c s

🎧011

1. 音声を聞き、発音されたものに〇をつけなさい。

(1)	bō	pō	mō	fō	(2)	bó	pó	mó	fó
(3)	bǒ	pǒ	mǒ	fǒ	(4)	bò	pò	mò	fò
(5)	bū	pū	mū	fū	(6)	bú	pú	mú	fú
(7)	bǔ	pǔ	mǔ	fǔ	(8)	bù	pù	mù	fù

🎧012

2. 音声を聞き、発音されたものに〇をつけなさい。

(1)	dē	tē	nē	lē	(2)	dé	té	né	lé
(3)	dě	tě	ně	lě	(4)	dè	tè	nè	lè
(5)	dā	tā	nā	lā	(6)	dá	tá	ná	lá
(7)	dǎ	tǎ	nǎ	lǎ	(8)	dà	tà	nà	là

🎧013

3. 音声を聞き、発音されたものに〇をつけなさい。

(1)	zī	cī	sī	(2)	zí	cí	sí
(3)	zǐ	cǐ	sǐ	(4)	zì	cì	sì
(5)	zū	cū	sū	(6)	zú	cú	sú
(7)	zǔ	cǔ	sǔ	(8)	zù	cù	sù

🎧014

4. 音声を聞き、**2番目に**発音されたものに〇をつけなさい。

(1)	bō	pō	(2)	bū	pū
(3)	dā	tā	(4)	dē	tē
(5)	zā	cā	(6)	zē	sē
(7)	zī	cī	(8)	zū	sū
(9)	bó	pó	(10)	bǔ	pǔ
(11)	dà	tà	(12)	dé	té
(13)	zǎ	cǎ	(14)	zè	sè
(15)	zǐ	cǐ	(16)	zǔ	cǔ
(17)	nǔ	lǔ	(18)	nǔ	lú

11

🎧015

5. 音声を聞き、**2番目に**発音されたものに○をつけなさい。

(1)	bō	pō		(2)	dē	tē
(3)	zī	cī		(4)	bá	pá
(5)	dú	tú		(6)	zú	sú
(7)	bǐ	pǐ		(8)	dǐ	tǐ
(9)	zǎ	cǎ		(10)	bù	pù
(11)	dà	tà		(12)	zè	cè

🎧016

6. 音声を聞き、**3番目に**発音されたものに○をつけなさい。

(1)	pō	bō	mō		(2)	nǔ	lǔ	lǚ
(3)	dǎ	tǎ	dě		(4)	zù	sù	cù
(5)	dì	nì	lì		(6)	pí	bí	mí
(7)	bù	pù	dù		(8)	má	ná	lá
(9)	sè	cè	zè		(10)	dǔ	tǔ	nǔ

🎧017

7. 音声を聞き、声母を書き入れなさい。

(1) ___ò___ù   (2) __ù __ù   (3) ___ì___ú

(4) ___ǔ___ì   (5) __ǔ_ì   (6) ___ǔ___ú

(7) ___ū___ú   (8) __ì_è   (9) ___í___ǔ

(10) ___ú___ú   (11) ___ò___ì   (12) ___ǐ___è

🎧018

8. 音声を聞き、読まれた順番を［ ］に書きなさい。

(1)	bō	pó	mò	fó	dé	tè	nē	lè
	[ ]	[ ]	[ ]	[ ]	[ ]	[ ]	[ ]	[ ]
(2)	bí	pǐ	mì	dǐ	tí	nǐ	lǐ	sì
	[ ]	[ ]	[ ]	[ ]	[ ]	[ ]	[ ]	[ ]
(3)	bù	pǔ	dū	tù	lú	nǚ	cū	sū
	[ ]	[ ]	[ ]	[ ]	[ ]	[ ]	[ ]	[ ]
(4)	bā	pà	lǎ	nà	zā	dá	sǎ	cà
	[ ]	[ ]	[ ]	[ ]	[ ]	[ ]	[ ]	[ ]

9. 中国語に存在しない音節に×をつけなさい。

(1) bo   po   mo   fo   do   to   no   lo   zo   co   so
(2) be   pe   me   fe   de   te   ne   le   ze   ce   se
(3) bi   pi   mi   fi   di   ti   ni   li
(4) bü   pü   mü   fü   dü   tü   nü   lü   zü   cü   sü

🎧019
10. 発音しながら、次の単語のピンイン・簡体字・意味を覚えなさい。

(1) tā   他/她   （三人称単数）この人、あの人、その人、彼，彼女
(2) sì   四   ［数詞］4
(3) bā   八   ［数詞］8
(4) dì   第   （整数の前において順序を示す）第～
(5) bù   不   いいえ。～しない。～ではない。

第3回 声母 (その2) : zh ch sh r j q x g k h

🎧020

1. 音声を聞き、発音されたものに○をつけなさい。

(1)	zhī	chī	shī	rī	(2)	zhí	chí	shí	rí
(3)	zhǐ	chǐ	shǐ	rǐ	(4)	zhì	chì	shì	rì
(5)	zhā	chā	shā		(6)	zhá	chá	shá
(7)	zhè	chè	shè	rè	(8)	zhǔ	chǔ	shǔ	rǔ

🎧021

2. 音声を聞き、発音されたものに○をつけなさい。

(1)	jī	qī	xī	(2)	jí	qí	xí
(3)	jǐ	qǐ	xǐ	(4)	jì	qì	xì
(5)	jū	qū	xū	(6)	jú	qú	xú
(7)	jǔ	qǐ	xǔ	(8)	jù	qì	xù

🎧022

3. 音声を聞き、発音されたものに○をつけなさい。

(1)	gē	kē	hē	(2)	gé	ké	hé
(3)	gě	kě	hě	(4)	gè	kè	hè
(5)	gā	kā	hā	(6)	gǎ	kǎ	hǎ
(7)	gú	kú	hú	(8)	gù	kù	hù

🎧023

4. 音声を聞き、**2番目に**発音されたものを○で囲みなさい。

(1)	kā	gā		(2)	chá	ché
(3)	zhǐ	jǐ		(4)	shì	xì
(5)	kǔ	gǔ		(6)	rì	jì
(7)	zhā	chā		(8)	jí	qí
(9)	shǔ	xǔ		(10)	rè	hè
(11)	chū	qū		(12)	chì	qì
(13)	rú	lú	lǘ	(14)	shū	xī	shī
(15)	qǔ	chǔ	chǐ			

14

5. 音声を聞き、声調符号をつけ、その後正確に発音しなさい。

(1)　　ga　　ka　　ha　　　　(2)　　ge　　ke　　he

(3)　　gu　　ku　　hu　　　　(4)　　zha　cha　sha

(5)　　zhi　chi　shi　ri　　　(6)　　zhe　che　she　re

(7)　　zhu　chu　shu　ru　　　(8)　　ji　　qi　　xi

(9)　　ju　　qu　　xu

6. 音声を聞き、読まれた順番を[　]に書きなさい。

(1)　　gá　　　hē　　　zhà　　　shě　　　shì　　　xī　　　kú
　　　[　]　　[　]　　[　]　　[　]　　[　]　　[　]　　[　]

(2)　　jī　　　shū　　　zhè　　　ké　　　gǔ　　　chī　　　xū
　　　[　]　　[　]　　[　]　　[　]　　[　]　　[　]　　[　]

(3)　　hā　　　jù　　　chù　　　qì　　　rě　　　zhì　　　gé　　　rì
　　　[　]　　[　]　　[　]　　[　]　　[　]　　[　]　　[　]　　[　]

(4)　　ché　　　chà　　　shà　　　hú　　　zhǔ　　　rǔ　　　qū　　　kā
　　　[　]　　[　]　　[　]　　[　]　　[　]　　[　]　　[　]　　[　]

7. 音声を聞き、ピンインを書きなさい。

(1) [　　　　　　　]　　(2) [　　　　　　　]　　(3) [　　　　　　　]

(4) [　　　　　　　]　　(5) [　　　　　　　]　　(6) [　　　　　　　]

(7) [　　　　　　　]　　(8) [　　　　　　　]　　(9) [　　　　　　　]

8. 有気音、無気音に注意して、正確に発音しなさい。

(1)　　gǎ　　　　kǎ　　　　　　(2)　　gé　　　　ké

(3)　　gū　　　　kū　　　　　　(4)　　zhá　　　chá

(5)　　zhì　　　chì　　　　　　(6)　　zhē　　　chē

(7)　　zhǔ　　　chǔ　　　　　　(8)　　jì　　　　qì

(9)　　jū　　　　qū

15

9．音声を聞き、[　]にピンインを入れ、そのあと正確に発音しなさい。

(1) 猪　[　　　　　] 　(2) 茶　[　　　　　　　] 　(3) 车　[　　　　　　]

(4) 卡　[　　　　　] 　(5) 炸鸡 [　　　　　　] 　(6) 哭泣 [　　　　　　]

(7) 除去 [　　　　] 　(8) 这是书。[　　　　　　　　　　]

10．発音しながら、次の単語のピンイン・簡体字・意味を覚えなさい。

(1) qī　　　七　　[数詞] 7
(2) shí　　十　　[数詞] 10
(3) zhè　　这　　[指示詞] この、その、これ、それ
(4) jǐ　　　几　　[疑問詞]（序数、もしくは 10 以下の基数を尋ねる）いくつ

第4回 二重母音と三重母音

🎧030

1. 音声を聞き、それぞれの音節を例にならって表に書き直しなさい。

声母	韻母				声母	韻母		
	韻頭	韻腹	韻尾			韻頭	韻腹	韻尾

(1) tāo→   t | | a | o   (10) qiǎo→   q | i | a | o

(2) pái→

(3) fèi→

(4) yǎ→

(5) xiè→

(6) zhōu→

(7) guà→

(8) chuō→

(9) quē→

(11) yōu→

(12) huái→

(13) duì→

(14) jiǔ→

(15) wèi→

(16) chuǎi→

(17) wāi→

(18) wá→

🎧031

2. 音声を聞き、発音されたものに〇をつけなさい。

(1)　āi　　　ēi　　　　　(2)　āo　　　ōu

(3)　ái　　　áo　　　　　(4)　éi　　　óu

(5)　ǎi　　　ǒu　　　　　(6)　ào　　　èi

(7)　yá　　　yé　　　　　(8)　wǎ　　　wǒ

(9)　yè　　　yuè　　　　(10)　yà　　　wà

(11)　wā　　　āo　　　　(12)　òu　　　wò

🎧032

3. 音声を聞き、**3番目に**発音されたものに〇をつけなさい。

(1)　pāo　pōu　bāo　　　　(2)　méi　mái　náo

(3)　zhē　jiē　qiē　　　　　(4)　tuó　duó　lóu

(5)　guā　huō　kōu　　　　(6)　zuǒ　zǒu　sǒu

(7)　zhāi　chāi　zāi　　　　(8)　jué　qué　xué

(9)	nüè	lüè	miè	(10)	kuā	zhuó	què
(11)	sài	shài	xiē	(12)	fǒu	hǒu	gǒu

🎧033

4. 音声を聞き、韻母と声調符号を書きなさい。頭子音がついていない場合の綴りに留意すること。

(1) ___ ___　　　(2) g__ j__　　　(3) x__ f__　学費

(4) g__ g__　　　(5) h__ t__　后台　(6) z__ k__　走开

(7) f__ __　　　(8) j__ sh__　接受　(9) k__ b__　挎包

🎧034

5. 音声を聞き、発音されたものに○をつけなさい。

(1)	yāo	yōu	wāi	wēi	(2)	yáo	yóu	wái	wéi
(3)	yǎo	yǒu	wǎi	wěi	(4)	yào	yòu	wài	wèi
(5)	jiāo	qiū	huāi	huī	(6)	jiáo	qiú	huái	huí
(7)	jiǎo	qiǔ	huǎi	hǔ	(8)	jiào	qiù	huài	huì

🎧035

6. 音声を聞き、**3番目**に発音されたものに○をつけなさい。

(1)	biāo	piāo	diāo	tiāo	(2)	jiáo	qiáo	cháo	sháo
(3)	xiǎo	shǎo	qiǔ	chǒu	(4)	diū	niú	liǔ	miù
(5)	guāi	kuāi	guī	kuī	(6)	zhuǎi	chuǎi	shuǎi	huǎi
(7)	zuǐ	cuǐ	suǐ	ruǐ	(8)	duì	tuì	shuì	lüè

🎧036

7. 音声を聞き、韻母と声調符号を書きなさい。頭子音がついていない場合の綴りに留意すること。

(1) j__ __　郊游　(2) __ x__　优秀　(3) sh__ q__　手球

(4) n__ r__　牛肉　(5) l__ x__　疗效　(6) zh__ __　追尾

(7) sh__ j__　摔跤　(8) h__ h__　后悔　(9) h__ r__　怀柔

8. 音声を聞き、読まれた順番を[　]に書きなさい。

(1)　　pāi　　　　féi　　　　jiǎ　　　　liè　　　　qiāo　　　　diū　　　　fǒu
　　　[　]　　　[　]　　　[　]　　　[　]　　　[　]　　　[　]　　　[　]

(2)　　shuā　　　ruò　　　guǎi　　　tuì　　　juē　　　tāi　　　yuē
　　　[　]　　　[　]　　　[　]　　　[　]　　　[　]　　　[　]　　　[　]

(3)　　jiě　　　xiào　　　qiū　　　ráo　　　lóu　　　zhuǎ　　　huì
　　　[　]　　　[　]　　　[　]　　　[　]　　　[　]　　　[　]　　　[　]

(4)　　guì　　　quē　　　yáo　　　wò　　　shéi　　　wěi　　　chái
　　　[　]　　　[　]　　　[　]　　　[　]　　　[　]　　　[　]　　　[　]

(5)　　zhǎo　　　ròu　　　běi　　　qià　　　chuò　　　huái　　　jiǔ
　　　[　]　　　[　]　　　[　]　　　[　]　　　[　]　　　[　]　　　[　]

9. 発音しながら、次の単語のピンイン・簡体字・意味を覚えなさい。

(1) wǒ　　　　　我　　　　　（一人称単数）私，僕
(2) liù　　　　　六　　　　　［数詞］6
(3) jiǔ　　　　　九　　　　　［数詞］9
(4) shéi　　　　谁　　　　　［疑問詞］だれ
(5) méi　　　　没　　　　　持っていない。ない。存在しない。
(6) …yuè…hào　…月…号　　〜月〜日

10. 音声を聞き、ピンインに声調符号をつけ、そのあとロールプレイしなさい。

(1) Ni duo da?　　　　　　　　——　　Wo shiba sui.
　　あなたは何歳ですか？　　　　　　　　わたしは 18 歳です。

(2) Shei hui Riyu?　　　　　　——　　Wo hui.
　　誰が日本語できますか？　　　　　　　私ができます。

(3) Ji yue ji hao?　　　　　　——　　Liu yue jiu hao.
　　何月何日ですか？　　　　　　　　　　6 月 9 日です。

第 5 回 鼻音 n, ng で終わる韻母

🎧040
1. 音声を聞き、発音されたものに〇をつけなさい。

(1) mān   māng   (2) lán   láng
(3) gàn   gàng   (4) mén   méng
(5) nèn   néng   (6) cēn   cēng

🎧041
2. 音声を聞き、**2 番目に**発音されたものに〇をつけなさい。

(1) dēng   dōng   (2) hēng   hōng
(3) zhēng   zhōng   (4) mín   míng
(5) pīn   pīng   (6) kuān   kuāng
(7) huán   huáng   (8) chuán   chuáng

🎧042
3. 音声を聞き、**2 番目に**発音されたものに〇をつけなさい。

(1) yān   yāng   (2) xún   xuán
(3) qiáng   cháng   (4) fēn   fēng   hēn
(5) chān   cān   chāng   (6) shēng   shēn   xiōng
(7) xiān   xiāng   shān   (8) lóng   léng   lóu

🎧043
4. 音声を聞き、[　]に n か ng を入れ、更に声調符号もつけなさい。

(1) fa [   ]   (2) he [   ]
(3) le [   ]   (4) nia [   ]
(5) we [   ]   (6) xia [   ]
(7) gua [   ]   (8) zhua [   ]

5. 音声を聞き、読まれた順番を [   ] に書きなさい。

(1)　　pàng　　　bèn　　　pàn　　　wàng　　　bàng　　　wàn　　　bàn
　　　　[　]　　　[　]　　　[　]　　　[　]　　　[　]　　　[　]　　　[　]

(2)　　cóng　　　cūn　　　cān　　　suān　　　cuān　　　rún　　　kén
　　　　[　]　　　[　]　　　[　]　　　[　]　　　[　]　　　[　]　　　[　]

(3)　　lán　　　lóng　　　nèn　　　nán　　　nàng　　　ràng　　　róng
　　　　[　]　　　[　]　　　[　]　　　[　]　　　[　]　　　[　]　　　[　]

(4)　　gēn　　　gēng　　　gōng　　　gāng　　　guāng　　　guān　　　gān
　　　　[　]　　　[　]　　　[　]　　　[　]　　　[　]　　　[　]　　　[　]

(5)　　zhuàn　　　jiòng　　　jiàng　　　jìng　　　jìn　　　juàn　　　jùn
　　　　[　]　　　[　]　　　[　]　　　[　]　　　[　]　　　[　]　　　[　]

(6)　　chén　　　chóng　　　qiáng　　　qióng　　　qún　　　quán　　　cén
　　　　[　]　　　[　]　　　[　]　　　[　]　　　[　]　　　[　]　　　[　]

6. n, ng の違いに注意して、正確に発音しなさい。

(1)　　dàn　　　　dàng　　　　(2)　　fēn　　　　fēng
(3)　　yín　　　　yíng　　　　(4)　　qián　　　　qiáng
(5)　　shuàn　　　shuàng　　　(6)　　wǎn　　　　wǎng
(7)　　jǔn　　　　jiǒng

7. 有気音、無気音を意識して、正確に発音しなさい。

(1)　　bǎn　　　　pán　　　　(2)　　gēn　　　　kěn
(3)　　dēng　　　téng　　　　(4)　　jìng　　　　qīng
(5)　　zhàng　　　cháng　　　(6)　　zǔn　　　　cūn

8. 韻母の違いに注意して、正確に発音しなさい。

(1)　　mǎn　　　mēn　　　mín　　　　(2)　　làng　　　lǒng　　　líng
(3)　　hàn　　　huān　　　hóng　　　(4)　　shān　　　shén　　　shǔn
(5)　　nèn　　　néng　　　nòng　　　(6)　　rǔn　　　rén　　　ruǎn
(7)　　yán　　　yáng　　　yóng　　　(8)　　xíng　　　xiàng　　　xiōng
(9)　　cān　　　cēn　　　cūn

9. 音声を聞き、ピンインを書きなさい。

(1) [   ]   (2) [   ]   (3) [   ]

(4) [   ]   (5) [   ]   (6) [   ]

(7) [   ]   (8) [   ]   (9) [   ]

(10) [   ]   (11) [   ]   (12) [   ]

(13) [   ]   (14) [   ]   (15) [   ]

🎧049

10. 発音しながら、次の単語のピンイン・簡体字・意味を覚えなさい。

(1) líng　　　零　　　［数詞］ゼロ
(2) sān　　　三　　　［数詞］3
(3) liǎng　　　两　　　［数詞］数量の 2
(4) nín　　　您　　　二人称単数の敬称
(5) xīngqī　　　星期〜　　　〜曜日
(6) Zhōngguó　　中国　　　中国
(7) Rìběn　　　日本　　　日本
(8) Hànyǔ　　　汉语　　　中国語

第6回 連続変調・軽声・r化など

1. 音声を聞き、**2番目に**発音されたものに○をつけなさい。

（1） fāyù	fǎyǔ	（2） báibù	bǎipǔ
（3） hǎidǎn	hǎitān	（4） shǒubiǎo	shòupiào
（5） liúgǎn	yǒnggǎn	（6） zǐshǔ	zǐsū
（7） shuǐguǒ	shuǐhuò	（8） qiāngpào	qiǎngbǎo
（9） dǎoyǎn	dǎoyán	（10） yōudiǎn	yǒudiǎnr

🎧051
2. 音声を聞き、声調符号をつけなさい。

（1） bu ting	（2） bu ting
（3） bu guan	（4） bu kan
（5） bu bei bu kang	（6） bu jian bu san
（7） bu li bu qi	（8） bu ji bu zao
（9） bu zhe bu kou	（10） bu jin bu man

🎧052
3. 音声を聞き、声調符号をつけなさい。

（1） yi tian	（2） yi ban
（3） yi nian	（4） yi zhi
（5） yi ben	（6） yi dianr
（7） yi ke	（8） yi ban
（9） yi xin yi yi	（10） yi mu yi yang

🎧053
4. 音声を聞き、読まれた順番を[　]に書きなさい。

（1） huār	huàr	páir	bànr	tuánr	quānr
[　]	[　]	[　]	[　]	[　]	[　]
（2） shìr	sìr	jiānr	jīnr	huángr	húnr
[　]	[　]	[　]	[　]	[　]	[　]

5. 音声を聞き、ピンインを完成させた上で、各単語のピンイン・簡体字・意味を覚えなさい。

(1) ___ā__a　　妈妈　　お母さん，母

(2) ___ē__e　　哥哥　　お兄さん，兄

(3) ___é__e　　爷爷　　(父方の)おじいさん，祖父

(4) ___ǎi__ai　奶奶　　(父方の)おばあさん，祖母

(5) ___ǎo__e　　姥爷　　(母方の)おじいさん，祖父

(6) ___ǎo__ao　姥姥　　(母方の)おばあさん，祖母

(7) ___iě__ie　姐姐　　お姉さん，姉

(8) ___à__a　　爸爸　　お父さん，父

(9) ___ì__i　　弟弟　　弟

(10) ___èi__ei　妹妹　　妹

6. 音声を聞き、ピンインを完成させた上で、各単語のピンイン・簡体字・意味を覚えなさい。

(1) __ǒ__en 我们　私たち　　　(2) __ǐ__en 你们　あなたたち

(3) __ā__en 他们　彼たち

(4) zh__ge 这个　これ，それ　(5) __è__iē 这些　これら，それら

(6) n__ge　那个　それ，あれ　(7) __à__iē 那些　それら，あれら

(8) n__ge　哪个　どれ　　　(9) __ǎ__iē 哪些　どれとどれ

7. 音声を聞き、ピンインを完成させた上で、各単語のピンイン・簡体字・意味を覚えなさい。

(1) ____shao　　多少　　いくら，どれほど

(2) ____me　　　什么　　なに，どんな

(3) ____me　　　怎么　　どのように，どうして

(4) ____me____　怎么样　どう，どんな，どんな風な

8. 音声を聞き、ピンインを完成させた上で、各単語のピンイン・簡体字・意味を覚えなさい。

(1) ____li　这里　ここ，そこ　　(2) ___èr　这儿　ここ，そこ

(3) ____li　那里　そこ，あそこ　(4) ___àr　那儿　そこ，あそこ

(5) ____li　哪里　どこ　　　　　(6) ___ǎr　哪儿　どこ

9. 音声を聞き、読まれた順番を[ ]に書きなさい。

(1) wǒmen　zhège　lǎoye　　nàli　　mèimei　zěnmeyàng
　　[　]　　[　]　　[　]　　[　]　　[　]　　[　]

(2) nǐmen　　yéye　lǎolao　zěnme　zhèxiē　nàli
　　[　]　　[　]　　[　]　　[　]　　[　]　　[　]

(3) tāmen　　nǎli　nàge　jiějie　nǎr　zhèli
　　[　]　　[　]　　[　]　　[　]　　[　]　　[　]

(4) māma　nǎinai　nǎge　bàba　shénme　zhèr
　　[　]　　[　]　　[　]　　[　]　　[　]　　[　]

(5) gēge　　nǎr　duōshao　dìdi　zhèr　nàxiē
　　[　]　　[　]　　[　]　　[　]　　[　]　　[　]

10. 中国語に存在しない音節に×をつけなさい。

xie　　ja　　kian　　zhuo　　tiu　　wong

kue　　qen　　fao　　mon　　yun　　yeng

第7回 総合練習1（一音節、教室用語）

🎧059

1. 音声を聞き、発音された声母に○をつけなさい。

(1)　　　[d　t] è　　　　　　(2)　　　[zh　j] ī
(3)　　　[ch　qi] á　　　　　(4)　　　[sh　s] ǎ
(5)　　　[c　ch] ī　　　　　　(6)　　　[n　l] ù
(7)　　　[h　f] ó　　　　　　(8)　　　[k　c] ā
(9)　　　[x　sh] ǔ　　　　　(10)　　　[l　r] ù

🎧060

2. 音声を聞き、発音された声母に○をつけ、更に韻母に声調符号をつけなさい。

(1)　　　[b　p] en　　　　　(2)　　　[g　k] ang
(3)　　　[t　d] ie　　　　　(4)　　　[zh　r] uan
(5)　　　[f　h] ou　　　　　(6)　　　[n　l] an
(7)　　　[s　x] i　　　　　(8)　　　[ch　c] ong
(9)　　　[x　sh] u　　　　(10)　　　[l　r] eng

🎧061

3. 音声を聞き、発音された韻母に○をつけなさい。

(1)　　　m [ō　ōu]　　　　(2)　　　g [ēn　ēng]
(3)　　　ch [óu　uó]　　　(4)　　　q [iú　íong]
(5)　　　z [ēng　ōng]　　(6)　　　x [iè　uè]
(7)　　　h [uǎi　uǐ]　　　(8)　　　r [ān　āng]
(9)　　　s [àn　uàn　ùn]　(10)　　　n [ě　ǔ　ǔ]

🎧062

4. 発音された韻母に○をつけ、更に声調符号をつけなさい。

(1)　　　d [uo　ou]　　　　(2)　　　n [ie　üe]
(3)　　　q [in　ing]　　　(4)　　　m [ian　en]
(5)　　　sh [ei　ui]　　　(6)　　　j [ian　iang]
(7)　　　l [e　u]　　　　(8)　　　zh [an　ang]
(9)　　　g [ui　ua　uai]　(10)　　　c [ong　uo　eng]

26

5. 音声を聞き、声母および声調符号を書きなさい。

(1)   [   ] ü   (2)   [   ] ai

(3)   [   ] eng   (4)   [   ] ian

(5)   [   ] iong   (6)   [   ] uai

(7)   [   ] ing   (8)   [   ] un

(9)   [   ] üe   (10)   [   ] ui

6. 音声を聞き、韻母および声調符号を書きなさい。

(1)   p [   ]   (2)   f [   ]

(3)   t [   ]   (4)   l [   ]

(5)   h [   ]   (6)   k [   ]

(7)   q [   ]   (8)   sh [   ]

(9)   r [   ]   (10)   s [   ]

7. 音声を聞き、読まれた順番を[ ]に書きなさい。

(1)   fú   hú   rán   lán   réng   léng
     [ ]   [ ]   [ ]   [ ]   [ ]   [ ]

(2)   pàn   pàng   mén   méng   qǐn   qǐng
     [ ]   [ ]   [ ]   [ ]   [ ]   [ ]

(3)   yuǎn   yǎn   guǎn   guǎng   jǔn   jiǒng
     [ ]   [ ]   [ ]   [ ]   [ ]   [ ]

(4)   sī   suī   sū   sūn   sān   sā
     [ ]   [ ]   [ ]   [ ]   [ ]   [ ]

(5)   qiǔ   chǒu   qié   qiá   qián   què
     [ ]   [ ]   [ ]   [ ]   [ ]   [ ]

8. 音声を聞き、ピンインを書きなさい。

(1) [   ]   (2) [   ]   (3) [   ]

(4) [   ]   (5) [   ]   (6) [   ]

(7) [   ]   (8) [   ]   (9) [   ]

(10) [   ]   (11) [   ]   (12) [   ]

🎧067
9. 音声を聞き、声調符号をつけなさい。

(1) Tongxuemen hao!　　　　　　　—— Laoshi hao!
　　受講生のみなさん、こんにちは！　　先生、こんにちは！

(2) Xianzai kaishi shangke .
　　授業を始めます。

(3) Xianzai dianming. Shanben tongxue. —— Dao.
　　今から出席をとります。山本さん。　　はい。

(4) Jintian xuexi di yi ke.
　　今日は第一課を勉強します。

(5) Qing dakai di sanshisi ye.
　　34頁目を開いてください。

(6) Qing gen wo nian.
　　私の後に続いて音読してください。

(7) Qing zai shuo yi bian.
　　もう一度言ってください。

(8) Nimen you wenti ma?
　　質問はありますか。

(9) Jintian jiu dao zher, xiake.
　　今日はここまでにします、授業を終わりにします。

(10) Tongxuemen, zaijian.　　　　　—— Laoshi zaijian!
　　受講生のみなさん、さようなら。　先生、さようなら。

第8回 総合練習2（二音節、挨拶表現）

🎧068
1. 音声を聞き、声調の組み合わせが他と異なるものを○で囲みなさい。

(1)	①	②	③	④
(2)	①	②	③	④
(3)	①	②	③	④
(4)	①	②	③	④
(5)	①	②	③	④

🎧069
2. 音声を聞き、**2番目に**発音されたものに○をつけなさい。

(1)	zǎoshang	cǎochuàng
(2)	wánxiào	wǎnshang
(3)	kèqi	cèshì
(4)	bàodào	táopǎo
(5)	jígé	jīkě
(6)	ānquán	ēnchóu
(7)	cǎihóng	kǒugòng
(8)	gǎnjǐn	gāngjīn
(9)	qiáozhuāng	chóuchàng
(10)	zūfáng	chúfáng

🎧070
3. 音声を聞き、ピンインと一致する音声の番号を○で囲みなさい。

(1)	qízi	①	②	③	④
(2)	liànxí	①	②	③	④
(3)	wǎngqiú	①	②	③	④
(4)	jīchǎng	①	②	③	④
(5)	xióngmāo	①	②	③	④
(6)	chǎofàn	①	②	③	④
(7)	cāntīng	①	②	③	④
(8)	shítáng	①	②	③	④
(9)	kělè	①	②	③	④
(10)	niúròu	①	②	③	④

🎧071

4. 0から10までの数のピンインを [ ] に入れ、そのあと正確に発音しなさい。

零　　　　一　　　　二　　　　三　　　　四　　　　五
[　　　] 　 [　　　] 　 [　　　] 　 [　　　] 　 [　　　] 　 [　　　]

六　　　　七　　　　八　　　　九　　　　十
[　　　] 　 [　　　] 　 [　　　] 　 [　　　] 　 [　　　]

🎧072

5. 音声を聞き、ピンインを書きなさい。

(1) [　　　　]　　　(2) [　　　　]　　　(3) [　　　　]

(4) [　　　　]　　　(5) [　　　　]　　　(6) [　　　　]

(7) [　　　　]　　　(8) [　　　　]　　　(9) [　　　　]

(10) [　　　　]　　　(11) [　　　　]　　　(12) [　　　　]

🎧073

6. 音声を聞き、[　]にピンインを入れ、そのあとペアで会話練習をしなさい。

(1) [　　　　　] !　　　—　　　　[　　　　　] !

(目上の人に)こんにちは。/ はじめまして。こんにちは / はじめまして。

(2) [　　　　　] !

おはよう。

(3) [　　　　　] !

こんばんは。

(4) [　　　　　] !　　　—　　　　[　　　　　]。

ありがとう。　　　　　　　　　　　どういたしまして。

(5) [　　　　　]。　　　—　　　　[　　　　　]。

ごめんなさい。　　　　　　　　　　大丈夫ですよ。

(6) [　　　　　] ! [　　　　　] ! [　　　　　] !

いいね!

(7) [　　　　　]。 [　　　　　]。

まあまあです。

本編

第1課

セクション1

★到達目標

□ 初対面の際の決まり文句を使うことができる（その1）。
□ 自分の姓名を正確に伝えられる。
□ 部屋番号（数字）を正確に聞き取れる。
□ 「これは～です（か）」と特定のモノの正体を尋ねたり伝えたりできる。

スキット⑴ はじめまして （男: 中国に留学中の日本人学生、女: 大学スタッフ）

🎧076

🎧074

1. 音声が聞こえた順に [ ] に番号を書きなさい。音声が流れなかったものには×をつけなさい。

[ ] ～（し）ない　　[ ]（苗字）柳　　[ ] すみません　　[ ] 劉
[ ] クラスメート　　[ ] ～である　　[ ] ヤナギ（の総称）

🎧075

2. 音声に基づいて、下線部にピンインを書き入れなさい。

① _____ hǎo!

② Wǒ _____ Liǔ.

③ _____ _____ Liú, shì Liǔ, yángliǔ _____ liǔ.

④ Bù _____.

🎧076

3. スキットの内容と合っていれば〇、間違っていれば×を入れなさい。

① [ ] 会話をしている二人は昔からの知り合いである。

② [ ] 男性の苗字は Liǔ と言う。

③ [ ] 男性は社会人である。

④ [ ] 女性は最初、男性の苗字を聞き間違えた。

🎧076
4. スキットの音声に基づいて、空欄を簡体字で埋め、意味を確認しなさい。

① 男： _____ 好！我 _____ 柳。

② 女：刘 _____， _____ 好！

③ 男： _____ 刘， _____ 柳，杨柳 _____ 柳。

④ 女： _____ 好_____，柳 _____。

スキット(2)　カードキーです　　（男: 中国に留学中の日本人学生、女: 大学スタッフ）

🎧079

🎧077
5. 音声が聞こえた順に [ ] に番号を書きなさい。音声が流れなかったものには×をつけなさい。

[ ] 少々待つ　　　　[ ] カードキー　　　　[ ] パスポート

[ ] 入学許可書　　　[ ] 学生証カード　　　[ ] どうぞ

[ ] 必要だ　　　　　[ ] 部屋番号　　　　　[ ] ちゃんと収める

🎧078
6. 音声に基づいて、下線部にピンインを書き入れなさい。

① _____ shì wǒ de _____.

② _____ tōngzhīshū, xuéshēngkǎ yě _____.

③ Nǐ de _____ shì _____ sān líng liù.

④ Zhè shì wǒ de _____ ma?

⑤ Qǐng _____.

🎧079
7. スキットの内容と合っているものを選びなさい。

① 男性が提示しなかったのはどれですか。

A. 学生証カード　B. パスポート　　C. 入学許可書　　D. カードキー

② この会話はどこで行われたものだと思いますか。

A. 銀行　　　　　B. ホテル　　　　C. 図書館　　　　D. 留学生寮

③ 男性は何を渡されましたか。

A. 学生証カード　B. パスポート　　C. 入学許可書　　D. カードキー

④ 男性の部屋番号はどれですか。

A. １６３０　　　B. ６１３０　　　C. ６１０３　　　D. １３０６

🎧079

8. スキットの音声に基づいて空欄を簡体字で埋め、意味を確認しなさい。

① 男：＿＿＿＿ 是 我 的 ＿＿＿＿。

② 女：＿＿＿＿。录取 通知书、学生卡 ＿＿＿＿ 要。

③ 男：＿＿＿＿，我 ＿＿＿＿ 录取 通知书、学生卡。

④ 女：稍 等。……你 的 ＿＿＿＿ 是 ＿＿＿＿ 三 零 ＿＿＿＿。

⑤ 男：这 是 我 的 ＿＿＿＿＿＿ 吗？

⑥ 女：＿＿＿＿。＿＿＿＿ 收好。

★まとめドリル

1　下線部をほかの語句に置き換えて、ペアで会話練習をしなさい。

（1）A：你 好！我 姓 柳，杨柳 的 柳。
　　　B：柳 同学，你 好！

（2）A：这 是 我 的 房卡 吗？
　　　B：对。请 收好。／不，是 他 的 房卡。

豆知識　中国の苗字ランキング Top 10 と漢字の説明

① 王 Wáng　——　三横王 sān héng Wáng
② 李 Lǐ　——　木子李 mù zǐ Lǐ
③ 张 Zhāng　——　弓长张 gōng cháng Zhāng
④ 刘 Liú　——　文刀刘 wén dāo Liú
⑤ 陈 Chén　——　耳东陈 ěr dōng Chén
⑥ 杨 Yáng　——　木易杨 mù yì Yáng
⑦ 黄 Huáng　——　草头黄 cǎo tóu Huáng
⑧ 赵 Zhào　——　走肖赵 zǒu xiāo Zhào
⑨ 周 Zhōu　——　圈吉周 quān jí Zhōu
⑩ 吴 Wú　——　口天吴 kǒu tiān Wú

（ランキングは 2021 年現在の情報に基づく）

例　A：初次 见面，我 姓 王，三 横 王。
　　B：你 好！我 姓 李，木 子 李。

34

★到達目標

☐ 初対面の際の決まり文句を使うことができる（その2）。
☐ 所属学部・学年を伝えられる。
☐ 感謝やお詫びの気持ちを伝えられる。
☐ 電話番号を正確に伝えたり、聞き取ったりできる。
☐ 相手にもう一度話してほしいと丁寧に要求できる。

スキット⑶　学生証カードが戻ってきた！（男: 中国に留学中の日本人学生、女: 大学スタッフ）

🎧082

🎧080
1. 音声が聞こえた順に［　］に番号を書きなさい。音声が流れなかったものには×をつけなさい。

　　［　］法学部　　［　］知っている　　［　］会う　　［　］二年次
　　［　］学生　　　［　］ありがとう　　［　］私たち（相手を含む）

🎧081
2. 音声に基づいて、下線部にピンインを書き入れなさい。

　　① ＿＿＿＿＿ rènshi ma?
　　② Chūcì ＿＿＿＿＿.
　　③ Wǒ shì fǎlǜ xì èr ＿＿＿＿＿ de ＿＿＿＿＿.
　　④ Wǒ ＿＿＿＿＿ Bái Xuě.
　　⑤ ＿＿＿＿＿ nǐ!

🎧082
3. スキットの内容と合っていれば○、間違っていれば×を［　］に入れなさい。

　　①　［　］男性の名前は Liǔ Tàiyī である。
　　②　［　］二人は昔からの知り合いである。
　　③　［　］女性は法学部の一年生である。
　　④　［　］女性は自分の学生証カードを男性に見せた。

🎧082
4. スキットの音声に基づいて、空欄を簡体字で埋め、意味を確認しなさい。

　　①　女：你 ＿＿＿ 柳 太一 同学＿＿＿＿？

35

② 男：＿＿＿＿。咱们 ＿＿＿＿＿＿ 吗?

③ 女：初次 ＿＿＿＿＿＿。我 是 ＿＿＿＿系 二 ＿＿＿＿＿ 的 学生。 我 ＿＿＿＿＿ 白雪。

④ 男：哦，＿＿＿ ＿＿＿，白雪 同学。

⑤ 女：＿＿＿＿＿ 是 你 的 学生卡。

⑥ 男：啊?! ＿＿＿＿＿＿＿ 你!

スキット⑷　無線 LAN の利用申請　（男: 中国に留学中の日本人学生、女: 大学スタッフ）

🎧085

🎧083

5. 音声が聞こえた順に ［ ］ に番号を書きなさい。音声が流れなかったものには×をつけなさい。

［ ］電話番号　　　　　　　　　［ ］（人を）呼び出す　　　［ ］一度
［ ］（電話を）かける　　　　　　［ ］（手続きを）する　　　［ ］無線 LAN
［ ］～さん（技術労働者に対する敬称）　　　　　　　　　　　［ ］言う
［ ］手数をかける

🎧084

6. 音声に基づいて、下線部にピンインを書き入れなさい。

① Nǐ ＿＿＿＿＿＿ wúxiàn wǎngluò ma?

② ＿＿＿＿＿＿, máfan nín zài ＿＿＿＿＿＿ yí biàn.

③ ＿＿＿＿＿＿ dǎ ＿＿＿＿＿＿.

④ Diànhuà ＿＿＿＿＿ shì ＿＿＿＿＿ wǔ bā líng jiǔ ＿＿＿＿＿ liù sì sān ＿＿＿＿＿ yāo.

⑤ Zhǎo Wáng ＿＿＿＿＿＿.

🎧085

7. スキットの内容に基づいて、質問への答えを中国語（簡体字）で書きなさい。

① 無線 LAN を利用したい場合は、何番に電話をかければいいですか。

＿＿＿＿＿＿＿＿＿＿＿＿＿＿＿＿＿＿＿＿＿＿＿＿＿＿＿＿＿＿

② 無線 LAN の責任者は誰ですか。

＿＿＿＿＿＿＿＿＿＿＿＿＿＿＿＿＿＿＿＿＿＿＿＿＿＿＿＿＿＿

★まとめドリル

1 この課のスキットの内容に基づいて、空欄を簡体字で埋め、音読しなさい。

　　　　初次 (1)_____ 。 我 (2)_____ 柳，(3)_____ 的 柳，

(4)_____ 柳 太一。 我 (5)_____ 无线 (6)_____ 。

我 (7)_____ 房间号 (8)_____ 一 三 零 六。 请 (9)_____ 我 的

电话。 电话 (10)_____ 是 一 三 零　二 四 五 六　九 八 七 一。

2 下線部をほかの語句に置き換えて、ペアで会話練習をしなさい。

（1）A：初次 见面。我 是 法律系 二 年级 的 学生。我 叫 白雪。

　　　B：你 好，白雪 同学。我 是 中文系 二 年级 的 学生。我 叫 柳太一。

（2）A：请 打 我 的电话。电话 号码 是 一五八 零九七六 四三二一。

　　　B：对不起，麻烦 你 再 说 一 遍。

第2課

セクション1

★到達目標

□ 時刻・日付・曜日を尋ねたり、伝えたりできる。
□ 目の前のもの指して「これは何ですか」と尋ねることができる。
□ 所有を表す"有"と存在を表す"在"を区別して使うことができる。

スキット⑴ スマートスピーカー体験⑴ （男: 中国人客、女: 中国人店員）

🎧086
1. 音声が聞こえた順に [ ] に番号を書きなさい。音声が流れなかったものには×をつけなさい。

[ ] 答える　　　　　　[ ] 会社　　　　[ ] 体験する　　　　　[ ] 機能
[ ] コントロールする　　　　　　[ ]（～する）前に　　　[ ] 製品
[ ] 家電製品　　　[ ] Bluetooth スピーカー

🎧087
2. 音声に基づいて、下線部にピンインを書き入れなさい。

① Zhè shì _____?　　　_____?
② _____ shì wǒmen _____ de chǎnpǐn——zhìnéng _____.
③ Dāngrán yě _____ lányá yīnxiāng de _____.
④ Jiērù _____ hòu, hái _____ huídá nín de _____.
⑤ Nín _____ yǐqián, xiān _____ "hài, Xiǎozhì!"
⑥ Wǒ_____, shénme _____?
⑦ Nín suíyì _____.

🎧088
3. スキットの内容と合っていれば○、間違っていれば×を入れなさい。

① ［ ］男性ははじめスマートスピーカーがどういうものかわからなかった。
② ［ ］女性はスマートスピーカーを生産している企業に勤めている。
③ ［ ］スマートスピーカーはネットにつなげれば、家電をコントロールできる。
④ ［ ］スマートスピーカーには、"嗨，小知"（Hài, Xiǎozhī）と呼びかける。

🎧088
4. スキットの音声に基づいて、空欄を簡体字で埋め、意味を確認しなさい。

① 男：这 是 _____？蓝牙 音箱 _____？
② 女：这 是 _____ 公司 的 _____ —— 智能 音箱。
　　　 当然 也 有 蓝牙 音箱 的 _____，接入 _____ 后，
　　　 还 能 回答 _____ 的 问题，控制 家用 _____。
③ 男：_____？
④ 女：您 问 _____，先 _____ "嗨，小智！"
⑤ 音：我 _____，什么 _____？……
⑥ 女：您 随意 _____。

スキット⑵　スマートスピーカー体験⑵　（男: 中国人、音: 機械音）
🎧091

🎧089
5. 音声が聞こえた順に［ ］に番号を書きなさい。音声が流れなかったものには×をつけなさい。

［ ］今日　　　　［ ］夜　　　　　［ ］明日　　　　［ ］現地
［ ］北京時間　　［ ］〜たい（願望を表す）　　　　［ ］食べる
［ ］午後　　　　［ ］晴れ

🎧090
6. 音声に基づいて、下線部にピンインを書き入れなさい。

① Xiànzài jǐ _____？
② Xiànzài shì _____ shíjiān _____ sì diǎn _____ fēn.
③ _____ jǐ yuè ___ hào, _____ jǐ?

④　Míngtiān yǒu _____ ma?

⑤　Běndì _____ shì qíngtiān, _____ yǔ.

⑥　Nǐ wǎnshang _____ chī shénme?

🎧091

7. スキットの内容と合っているものを選びなさい。

①　この場面では今何時何分ですか。
A. 午前 10 時 28 分　　　　　　　B. 午後 10 時 18 分
C. 午後 4 時 28 分　　　　　　　D. 午後 4 時 18 分

②　この日は何月何日、何曜日ですか。
A.　5 月 20 日水曜日　　　　　　B. 6 月 2 日水曜日
C.　9 月 20 日木曜日　　　　　　D. 9 月 2 日金曜日

③　次の日の天気予想は？
A. 曇り　　　　B. 晴れのち雨　　　C. 雨　　　　　D. 晴れ

🎧091

8. スキットの音声に基づいて空欄を簡体字で埋め、意味を確認しなさい。

①　男：嗨，小智！现在 _____？

②　音：现在 是 _____ 时间 下午 四 ____ 二十八 ____。

③　男：今天 几 ____ 几 ____，_____ 几？

④　音：今天 是 _____ 年 _____ 月 _____ 日，星期 _____。

⑤　男：_____ 有 雨 吗？

⑥　音：本地 明天 是 _____，没有 雨。

⑦　男：你 晚上 _____ 吃 什么？

⑧　音：我 _____ 吃 炸酱面。

★まとめドリル

1　スキット(1)(2)の内容に基づいて、次の文章の空欄を簡体字で埋め、音読しなさい。

　　　智能 音箱 是 我们 公司 的 (1) _____。它 有 蓝牙 音箱 的 (2) _____。接入 网络 (3) _____，(4) _____ 控制 家用 电器，还 (5) _____ 回答 问题，比如* 现在 的 时间、日期**、天气***。问 (6) _____，先 (7) _____ "嗨，小智！"

　　*比如 bǐrú　例えば...など　　**日期 rìqī　日付　　***天气 tiānqì　天気

40

2 下線部をほかの語句に置き換えて、ペアで会話練習をしなさい。

（1）A：嗨，小智！现在 几 点？

　　　B：现在 是 <u>北京</u> 时间 <u>下午 四 点 二十八 分</u>。

　　　A：今天 几 月 几 号，星期 几？

　　　B：今天 是 二 〇 二 〇 年 <u>五 月 二十日</u>，<u>星期 三</u>。

（2）A：明天 有 雨 吗？

　　　B：明天 是 <u>晴天</u>。

　　　A：你 晚上 想 吃 什么？

　　　B：我 想 吃 <u>炸酱面</u>。

語群（意味を辞書などで調べなさい）

东京 Dōngjīng	华盛顿 Huáshèngdùn	伦敦 Lúndūn	巴黎 Bālí	罗马 Luómǎ	首尔 Shǒu'ěr
多云 duōyún	阴天 yīntiān	小雨 xiǎoyǔ	大雨 dàyǔ	中雪 zhōngxuě	晴转多云 qíng zhuǎn duōyún
北京烤鸭 Běijīng kǎoyā	水饺 shuǐjiǎo		小笼包 xiǎolóngbāo		东坡肉 dōngpōròu
麻婆豆腐 mápó dòufu	回锅肉 huíguōròu		青椒肉丝 qīngjiāo ròusī		担担面 dàndànmiàn

★到達目標

☐ 願望を"想"を使って表現できる。
☐ 時間の都合を尋ねたり、伝えることができる。
☐ 連絡先（WeChat のアカウントなど）を交換することができる。

スキット(3) 中国語会話力を身につけるために(1)

（男: 中国に留学中の日本人学生、女: 中国人学生）

🎧094

🎧092

1. 音声が聞こえた順に［　］に番号を書きなさい。音声が流れなかったものには×をつけなさい。

［　］考え　　　　　［　］授業の後　　　　　［　］意味　　　　［　］友だち
［　］お互いに　　　［　］言語パートナー　　［　］練習する　　［　］先生
［　］中国語　　　　［　］会話

🎧093

2. 音声に基づいて、下線部にピンインを書き入れなさい。

① Wǒ kèhòu yě xiǎng _____ Hànyǔ _____.

② Nǐ yǒu _____ ma?

③ Yǔbàn shì shénme _____?

④ _____ dāng nǐ de _____ lǎoshī, nǐ dāng tā de Rìyǔ _____.

⑤ Nǐmen _____ xuéxí.

⑥ Hǎo _____!

⑦ Wǒ de péngyoumen bù _____ Rìyǔ.

🎧094

3. スキットの内容と合っていれば〇、間違っていれば×を［　］に入れなさい。

① ［　］男性は放課後に日本語の会話練習をしたいと言っている。

② ［　］女性は男性に言語パートナーを持つことを提案した。

③ ［　］言語パートナーとは、互いに異なる母語を教えあうことを目的とする
　　　　学習相手のことである。

④ ［　］男性にはすでに日本語を学んでいる友人がいる。

4. スキットの音声に基づいて、空欄を簡体字で埋め、意味を確認しなさい。

① 男： 我 课后 也 ＿＿＿＿＿＿ 练习 汉语 会话，可是……

② 女： 你 有 ＿＿＿＿＿＿ 吗？

③ 男： 语伴 是 什么 ＿＿＿＿＿＿？

④ 女： 语伴 当 你 的 汉语 ＿＿＿＿＿＿，

你 当 他 的 日语 老师，你们 互相 ＿＿＿＿＿＿。

⑤ 男： ＿＿＿＿＿＿ 主意！不过，我 的 ＿＿＿＿＿＿＿＿ 不 学 日语。

スキット(4) 中国語会話力を身につけるために(2)

（男: 中国に留学中の日本人学生、女: 中国人学生）

5. 音声が聞こえた順に ［ ］に番号を書きなさい。音声が流れなかったものには×をつけなさい。

［ ］連絡をとる 　　　［ ］時間 　　　［ ］賛成する 　　［ ］QR コード

［ ］異議 　　　　　　［ ］随時 　　　［ ］アルバイトする

［ ］（アプリ）WeChat 　　　　　　　　［ ］授業

6. 音声に基づいて、下線部にピンインを書き入れなさい。

① Wǒ ＿＿＿＿＿＿ nǐ de yǔbàn, nǐ ＿＿＿＿＿＿ ma?

② Wǒ méi ＿＿＿＿＿＿.

③ Nǐ xīngqī ＿＿＿＿＿＿ yǒu ＿＿＿＿＿＿ ma?

④ Xīngqī sān wǒ méiyou ＿＿＿＿＿＿, yě bù ＿＿＿＿＿＿.

⑤ Nǐ yǒu ＿＿＿＿＿＿ ma?

⑥ Shāo ＿＿＿＿＿＿.

⑦ Suíshí ＿＿＿＿＿＿.

7. スキットに基づいて、質問への答えを選びなさい。

① 女性が学びたいと思っている言語はどれですか。

A. フランス語 　　B. 英語 　　　　C. 日本語 　　　D. 韓国語

② 男性と女性の予定が空いているのはいつですか。

    A. 月曜日   B. 水曜日   C. 木曜日   D. 土曜日

③ 女性は男性に何を見せましたか。

    A. 電話番号   B. メールアドレス

    C. WeChat の QR コード   D. 何も見せていない

🎧097

8. スキットの音声に基づいて、空欄を簡体字で埋め、意味を確認しなさい。

① 女：我 想 学 _____。我 当 你 的 语伴，你 _____ 吗？

② 男：真的？我 _____ 意见。你 星期 三 有 _____ 吗？

③ 女：有。星期 三 我 没有 _____，也 不 _____。

④ 男：你 _____ 微信 吗？

⑤ 女：有。_____……这 是 我 的 二维码。

⑥ 男：_____，随时 联系。

★まとめドリル

1 スキット(3)(4)の内容に基づいて、次の文章の空欄を簡体字で埋め、音読しなさい。

    我 课后 也 (1) _____ 练习 汉语 会话。咱们 能 做* 语伴 吗？你 (2) _____ 我 的 汉语 老师，我 (3) _____ 你 的 日语 老师，咱们 (4) _____ 学习。我 (5) _____ 三 有 时间。这 是 我 的 微信 二维码。(6) _____ 联系。

    *做 zuò （地位・職務を）担当する

2 下線部をほかの語句に置き換えて、ペアで会話練習をしなさい。

（1）A：你 星期 三 有 时间 吗？

    B：没有。我 星期二 有 时间。

（2）A：你 有 微信 吗？

    B：有。稍等……这 是 我 的 二维码。

    A：好的，随时 联系。

語群（意味を辞書などで調べなさい）

电话号码	电子邮件	微信号
diànhuà hàomǎ	diànzǐ yóujiàn	wēixìnhào

第3課

セクション1

★到達目標

☐ 近いうちの予定、計画を伝えられる。
☐ 予定が空いているかどうかを尋ねたり伝えたりできる。

スキット(1) 富士山に行こう(1) （男、女: 日本に留学中の中国人学生）

🎧100

🎧098
1. 音声が聞こえた順に［ ］に番号を書きなさい。音声が流れなかったものには×をつけなさい。

[ ]（～する）予定である　　　　[ ] 行く　　　　[ ] ちょうど
[ ] 写真　　[ ] 迅速である　　[ ]（山に）登る　　[ ] 暇
[ ] 近いうち　　[ ] 富士山　　[ ] さすがに～だけのことはある

🎧099
2. 音声に基づいて、下線部にピンインを書き入れなさい。

① Búkuì shì _____ dì yī _____.

② Zhēn _____ qù Fùshì_____ a.

③ Nǐ _____ qù ba?

④ Nǐ _____ kòngr ma?

⑤ Méi _____.

🎧100
3. スキット の内容と合っていれば〇、間違っていれば×を入れなさい。

① [ ] 二人は富士山の絵ハガキを見ながら話している。
② [ ] 男性は友だちと富士山に行く計画をしていた。
③ [ ] 男性は20日にすでに先約がある。
④ [ ] 20日は日曜日だ。

🎧100
4. スキットの音声に基づいて、空欄を簡体字で埋め、意味を確認しなさい。

① 女：看，_____上 的 _____!
不愧 是 _____ 第 一 名山。

45

② 男： 是 啊，真 _____ 去 富士山 啊。

③ 女： 我 和 _____ 最近 打算 去 _____ 富士山，
你 也 去 吧?

④ 男： 真的 吗? 什么 _____?

⑤ 女： 二十 号。你 有 _____ 吗?

⑥ 男： 嗯…… 二十 号 正好 是 _____，没 _____。

⑦ 女： _____!

スキット⑵ 富士山に行こう⑵ （男、女: 日本に留学中の中国人学生）

🎧103

🎧101

5．音声が聞こえた順に [ ] に番号を書きなさい。音声が流れなかったものには×をつけなさい。

[ ] 後ほど　　　　　[ ] 段取り　　　　[ ] 迎える　　　　[ ] 来る
[ ]（車を）運転する　[ ] 朝　　　　　[ ] 具体的　　　　[ ] 待つ

🎧102

6．音声に基づいて、下線部にピンインを書き入れなさい。

① Wǒmen _____ _____ qù nǐ jiā _____ nǐ.

② _____ wǔ diǎn, _____ ma?

③ _____ ānpái _____ děng wǒ de _____.

🎧103

7．スキットの内容と合っているものを選びなさい。

① 男性はどこで女性たちと合流しますか。
A. 商店街入口　　B. 最寄りの駅の駅前　　C. 女性の自宅　　D. 男性の自宅

② 合流する時刻は何時ですか。
A. 午前5時　　　B. 午前9時　　　C. 午後5時　　　　D. 午後9時

③ 女性たちはどうやって富士山に行く予定ですか。
A. 電車で　　　　B. 車で　　　　C. 自転車で　　　　D. バイクで

④ 女性はどうやって詳細を男性に知らせると言いましたか。
A. 電話で知らせる　　　　　　B. メールで知らせる
C. 手紙で知らせる　　　　　　D. WeChat で知らせる

🎧103

8．スキットの音声に基づいて空欄を簡体字で埋め、意味を確認しなさい。

① 女：星期 六 我们 ＿＿＿＿＿ 去 你 家 接 你。

② 男：真 ＿＿＿＿＿＿。谢谢 你们! ＿＿＿＿＿ 来?

③ 女：＿＿＿＿＿ 五 点，行 吗?

④ 男：＿＿＿＿＿!

⑤ 女：具体 ＿＿＿＿＿ 回头 ＿＿＿＿＿ 我 的 微信。

⑥ 男：好，＿＿＿＿＿ 你 的 微信。

★まとめドリル

1 スキット(1)(2)の内容に基づいて、次の文章の空欄を簡体字で埋め、音読しなさい。

我 一直* (1) ＿＿＿ 去 富士山。(2) ＿＿＿ 白雪 和 她 的 朋友 (3) ＿＿＿ 二十 号 去 爬 富士山。二十 号 是 (4) ＿＿＿ 六，我 (5) ＿＿＿ 空儿，决定** 也 去。她们 早上 五 点 (6) ＿＿＿ 车 来 我 家 (7) ＿＿＿ 我。具体 (8) ＿＿＿ 回头，我 (9) ＿＿＿ 白雪 的 微信。

*一直 yìzhí ずっと，絶え間なく 　　**决定 juédìng 決める，…ことにする

2 下線部をほかの語句に置き換えて、ペアで会話練習をしなさい。

（1）A：真 想 去 富士山 啊。

　　B：我 和 朋友 最近 也 打算 去 富士山，你 也 去 吧?

　　A：真的 吗? 什么 时候?

　　B：二十 号。你 有 空儿 吗?

　　A：没 问 题。

（2）A：你 几 点 来?

　　B：五 点，行 吗?

　　A：行!

　　B：具体 安排 回头 等 我 的 微信。

　　A：好。

語群（意味を辞書などで調べなさい）		
迪士尼乐园 Díshìní Lèyuán	环球影城 Huánqiú Yǐngchéng	箱根 Xiānggēn 　有马温泉 Yǒumǎ Wēnquán 　浅草 Qiǎncǎo 　道顿堀 Dàodùnkū
电话 diànhuà	邮件 yóujiàn	短信 duǎnxìn

★到達目標

□ 授業の内容について尋ねたり簡単に説明したりできる。

□ イベントの開始時間と終了時間を尋ねたり伝えたりできる。

□ 費用がかかるかどうかを尋ねたり伝えたりできる。

スキット⑶ 授業科目の選択⑴ 　（男: 中国人教員、女: 中国に留学中の日本人学生）

106

104

1. 音声が聞こえた順に ［ ］ に番号を書きなさい。音声が流れなかったものには×をつけなさい。

［ ］切り紙細工 　［ ］紹介する 　［ ］味わう 　［ ］中国茶

［ ］みんな 　［ ］選ぶ 　［ ］民俗 　［ ］文化

［ ］京劇 　［ ］作る

105

2. 音声に基づいて、下線部にピンインを書き入れなさい。

① Wǒ jīntiān _____ yǒu "mínsú _____ tǐyàn".

② Kèshang _____ _____ _____ de mínsú wénhuà.

③ _____ dàjiā _____ Zhōngguóchá.

④ Dàjiā _____ xuǎn "mínsú wénhuà tǐyàn".

⑤ _____ ya?

106

3. スキットの内容と合っていれば〇、間違っていれば×を ［ ］ に入れなさい。

① ［ ］李先生は今日の午後に授業がある。

② ［ ］李先生の授業に中国茶を飲める回がある。

③ ［ ］李先生の授業で京劇の舞台衣装の試着体験ができる。

④ ［ ］李先生の授業を履修する学生は多くない。

🎧106

4. スキットの音声に基づいて、空欄を簡体字で埋め、意味を確認しなさい。

① 女：李 老 师，今天 _____ 您 有 什么 _____？

② 男：我 今天 _____ 有《民俗 _____ 体验》。

③ 女：《民俗 文化 体验》_____ 什么？

④ 男：课上 先 _____ 中国 的 民俗 文化，

　　　然后 _____ 品尝 中国茶、 学 _____ 京剧 脸谱、

　　　剪纸、制作 手工艺品 _____。

　　　大家 _____ 选 《民俗 文化 体验》。

⑤ 女：真的 呀？ 今年 还 有 什么 _____？

スキット⑷ 授業科目の選択⑵ 　（男: 中国人教員、女: 中国に留学中の日本人学生）

🎧109

🎧107

5. 音声が聞こえた順に [ ] に番号を書きなさい。音声が流れなかったものには×をつけなさい。

[ ] 追加　　　　[ ] 無料　　　[ ] 掲示板　　　[ ] 始まる

[ ] 安心する　　[ ] 時間割　　[ ] 費用　　　　[ ] 締め切る

[ ] 科目選択

🎧108

6. 音声に基づいて、下線部にピンインを書き入れなさい。

① _____ li _____ kèchéngbiǎo.

② Xuǎnkè de jiézhǐ _____ shì _____ shíhou?

③ Nǐ _____ wǔ tiān _____.

④ Xuǎnxiūkè _____ éwài de _____ ma?

⑤ _____ hǎo _____.

🎧109

7. スキットの内容と合っているものを選びなさい。

① 時間割はどこで見られますか。
　A. 掲示板　　　B. 学校のホームページ　　　C. 教室　　　　D. 教員室

② 履修登録期間はいつからいつまでですか。
　A. 月曜日から金曜日まで　　　B. 火曜日から土曜日まで
　C. 月曜日から土曜日まで　　　D. 火曜日から金曜日まで

49

③ 選択科目は別途費用がかかりますか。

    A. すべてかかる   B. すべてかからない

    C. 一部かかる   D. 言及されていない

🎧109

8. スキットの音声に基づいて空欄を簡体字で埋め、意味を確認しなさい。

① 男：招贴栏里 有 _____。去 _____ 看 吧。

② 女：好。选课 的 截止 _____ 是 什么 时候？

③ 男：选课 星期 一 _____，星期 五 截止。

         你 有 五 天 _____。

④ 女：选修课 _____ 额外 的 费用 吗？

⑤ 男：不，都 免费，_____ 吧。

⑥ 女：太 _____ 了。谢谢 老师。

⑦ 男：不 _____。

★まとめドリル

1 スキット(3)(4)の内容に基づいて、次の文章の空欄を簡体字で埋め、音読しなさい。

        星期 一 (1) _____ 选课，星期 五 (2) _____。选修课 都 (3) _____。
大家 都 (4) _____ 李 老师 的 《民俗 文化 体验》。课上，李 老师 (5) _____
介绍 中国 的 民俗 (6) _____，(7) _____ 大家 (8) _____ 中国茶、学 画
京剧 脸谱、剪纸、制作 手工艺品 (9) _____。

2 下線部をほかの語句に置き換えて、ペアで会話練習をしなさい。

（1）A：<u>今天 下午</u> 你 有 <u>课</u> 吗？

      B：我 <u>今天 下午</u> 有 <u>课</u>。/ 我 <u>今天 下午</u> 没有 <u>课</u>。

（2）A：<u>选课</u> 什么 时候 开始，什么 时候 结束？

      B：<u>星期 一</u> 开始，<u>星期 五</u> 结束。

語群（意味を辞書などで調べなさい）				
安排	打工	实习	假期	志愿者活动
ānpái	dǎgōng	shíxí	jiàqī	zhìyuànzhě huódòng

第4課

セクション1

★到達目標

□ 病院で具合の悪い箇所を伝えることができる。
□ 体温が何度あるかを伝えることができる。
□ 動作が行われる場所を尋ねたり伝えたりすることができる。
□ 薬を飲む量や日数を聞いたり、伝えることができる。

スキット(1) 病院へ(1) （男: 中国に留学中の日本人、女: 医者）

🎧112

🎧110

1. 音声が聞こえた順に［ ］に番号を書きなさい。音声が流れなかったものには×をつけなさい。

［ ］火鍋　　　［ ］体調がよい　　　［ ］腹を下す　　　［ ］測る
［ ］熱が出る　　［ ］痛い　　　　［ ］さっき　　　［ ］午前
［ ］昨日　　　［ ］体温

🎧111

2. 音声に基づいて、下線部にピンインを書き入れなさい。

① Nǎr bù_____?

② Wǒ jīntiān shàngwǔ _____le jǐ cì _____, xiànzài dùzi hái _____.

③ _____ ma?

④ Gāngcái _____le yíxià _____.

⑤ Fā _____shāo ne.

🎧112

3. スキットの内容と合っていれば○、間違っていれば×を入れなさい。

① ［ ］男性はひどく頭が痛くて病院に来た。

② ［ ］男性は昨晩から下痢をしている。

③ ［ ］男性は熱が38度5分ある。

④ ［ ］男性は昨日火鍋を食べた。

4. スキットの音声に基づいて、空欄を簡体字で埋め、意味を確認しなさい。

① 女：＿＿＿＿＿！哪儿 不 ＿＿＿＿＿？

② 男：大夫，我 ＿＿＿＿＿ 上午 拉了 几 次 肚子，

＿＿＿＿＿ 肚子 还 疼。

③ 女：发烧 ＿＿＿＿＿？

④ 男：刚才 量了 一下 ＿＿＿＿＿，三十七 ＿＿＿＿＿ 五。

⑤ 女：＿＿＿＿＿ 低烧 呢。昨天 ＿＿＿＿＿了 什么？

⑥ 男：＿＿＿＿＿。

スキット⑵ 病院へ⑵ （男: 中国に留学中の日本人、女: 医者）

5. 音声が聞こえた順に ［ ］ に番号を書きなさい。音声が流れなかったものには×をつけなさい。

［ ］薬　　　［ ］少ない　　　　　［ ］治す　　　［ ］辛い

［ ］錠　　　［ ］～かもしれない　［ ］油　　　　［ ］夕食

［ ］血液　　［ ］道理で

6. 音声に基づいて、下線部にピンインを書き入れなさい。

① Huǒguō ＿＿＿＿＿ ma?

② ＿＿＿＿＿ yě bù shǎo.

③ Kěnéng shì jíxìng ＿＿＿＿＿＿＿＿.

④ Qù yàn ＿＿＿＿＿ ba.

⑤ Qù ＿＿＿ ＿＿＿＿ de jiǎncèshì ＿＿＿＿＿.

⑥ Zhè zhǒng ＿＿＿＿＿, wǎnfànhòu chī ＿＿＿＿ piàn, chī sān ＿＿＿＿＿.

7. スキットの内容と合っているものを選びなさい。

① 医者が診断した病名はどれですか。

A. 風邪　　　　　B. 急性盲腸炎　C. 急性胃腸炎　D. 流行性胃腸炎

② 血液検査はどこで行いますか。

A. 一階の検査室　　　　B. 二階の検査室

C. 一階の点滴室　　　　D. 言及されていない

③ 薬はどのように飲みますか。

    A. 毎食後1錠づつ   B. 夕食後2錠   C. 毎食後2錠づつ   D. 就寝前1錠

🎧115

8. スキットの音声に基づいて、空欄を簡体字で埋め、意味を確認しなさい。

① 女：火锅 _____ 吗？

② 男：嗯，_____ 辣，_____ 也 不 少。

③ 女：难怪！可能 _____ 急性 肠胃炎。_____ 验 血 吧。

④ 男：血 在 什么 _____ 验？

⑤ 女：去 _____ 的 检测室 验。

⑥ 男：大夫，_____ 治 急性 肠胃炎 的 _____ 吗？

⑦ 女：有。这 种 药，晚饭_____ 吃 _____ 片，吃 ____ 天。

★まとめドリル

1   スキット(1)(2)の内容に基づいて、次の文章の空欄を簡体字で埋め、音読しなさい。

    我 昨天 吃 的 火锅 非常 (1) ____，油 也 不 (2) ____。结果* 今天 上午 (3) ____了 几 次 肚子，还 (4) ____了 低烧。去了 医院 以后，大夫 说 我 (5) ____ 是 急性 肠胃炎，要** 去 医院 一 (6) ____ 的 检测室 验 血。(7) ____ 急性 肠胃炎 的 药 晚饭后 吃 两 (8) ____，吃 三 (9) ____。

    *结果 jiéguǒ その結果，あげくに   **要 yào 〜しなければならない

2   下線部をほかの語句に置き換えて、ペアで会話練習をしなさい。

（1）A：你 哪儿 不 舒服？   B：大夫，我 肚子 疼。

       A：发烧 吗？   B：刚才 量了 一下 体温，三十七 度 五。

（2）A：你 可能 是 急性 肠胃炎。

       B：大夫，有 药 吗？

       A：有。这 种 药，晚饭后 吃 两 片，吃 三 天。

語群（意味を辞書などで調べなさい）

发冷 fā lěng	头晕 tóuyùn	流鼻涕 liú bítì	咳嗽 késòu	打喷嚏 dǎ pēntì	恶心 ěxīn	没有胃口 méiyou wèikǒu	嗓子疼 sǎngzi téng
头疼 tóuténg	眼睛痒 yǎnjīng yǎng		流感 liúgǎn	感冒 gǎnmào	气管炎 qìguǎnyán	中暑 zhòngshǔ	过敏 guòmǐn

セクション2

★到達目標

□ 毎日の習慣、スケジュールを伝えることができる。
□ 既に完了した動作を伝えることができる。
□ 誘い掛けを表す文末の "吧" や "怎么样" を適切に使うことができる。
□ 人を参照点とした場所（例：私のところ）を言うことができる。

スキット(3)　食後の散歩　（女1：田中さんの友人，田中 [Tiánzhōng] ）

🎧118

🎧116

1. 音声が聞こえた順に［　］に番号を書きなさい。音声が流れなかったものには×をつけなさい。

［　］申し訳ない　　　　［　］食堂　　　　　［　］キャンパス
［　］〜の後　　　　　　［　］学生寮　　　　［　］散歩する
［　］〜時間　　　　　　［　］毎日　　　　　［　］昼食

🎧117

2. 音声に基づいて、下線部にピンインを書き入れなさい。

① _____ qùle nǐ de _____.

② Gāngcái zài _____ _____ ne.

③ Nǐ yǒu sànbù de _____?

④ Měitiān zài shítáng chīle _____ yǐhòu, wǒ dōu zài _____ li
sàn _____ _____ _____ bù.

⑤ _____ shuō, fànhòu _____ bù zǒu, _____ dào jiǔshíjiǔ.

🎧118

3. スキットの内容と合っていれば○、間違っていれば×を［　］に入れなさい。

① ［　］田中さんはさっき寮にいなかった。
② ［　］田中さんは買い物に行っていた。
③ ［　］田中さんは毎日夕食後30分間散歩をする習慣がある。
④ ［　］「食後99歩歩くと、100歳まで生きる」ということわざがある。

4. スキットの音声に基づいて、空欄を簡体字で埋め、意味を確認しなさい。

① 女1: 田中，刚才 ＿＿＿＿ 了 你 的 宿舍，你 不 ＿＿＿＿。

② 女2: 哎呀，抱歉! 刚才 在 ＿＿＿＿ 散步 呢。

③ 女1: 你 有 ＿＿＿＿ 的 习惯?

④ 女2: 是 啊。每天 在 食堂 ＿＿＿＿ 了 午饭 以后，
我 ＿＿＿＿ 在 校园里 散 半 个 ＿＿＿＿ 步。

⑤ 女1: 这 个 ＿＿＿＿ 很 好!
俗话 说，饭后 百 步 走，活到 ＿＿＿＿＿＿。

スキット(4) なんの用事だったの？ （女1: 田中さんの友人，田中 [Tiánzhōng]）

---

5. 音声が聞こえた順に [ ] に番号を書きなさい。音声が流れなかったものには×をつけなさい。

[ ] 今 　　　 [ ] 新しく 　　　 [ ] ところ 　　　 [ ] ケーキ
[ ] 用事 　　 [ ] 一緒に 　　　 [ ] 買う 　　　 [ ] 飲む
[ ] ～個（塊状や片状のものを数える） 　　 [ ] うまい具合に

6. 音声に基づいて、下線部にピンインを書き入れなさい。

① Nǐ ＿＿＿＿＿＿ wǒ, yǒu shénme ＿＿＿＿＿＿?

② Shàngwǔ kèshang de ＿＿＿＿＿＿, yǒu jǐ gè bù ＿＿＿＿＿＿ de dìfang.

③ Zhèhuǐr bú tài ＿＿＿＿＿＿.

④ Chīle wǎnfàn zánmen ＿＿＿＿＿＿ xuéxí, zěnmeyàng?

⑤ Wǒ zhèr yǒu xīn ＿＿＿＿＿＿ de ＿＿＿＿＿＿.

⑥ Wǒ gānghǎo mǎile liǎng kuài ＿＿＿＿＿＿!

7. スキットの内容と合っているものを選びなさい。

① 田中さんの友人が田中さんを訪ねた理由は何ですか。
   A. 知り合いのことで相談があったから
   B. おしゃべりしたかったから
   C. 授業で分からない箇所があったから
   D. ケーキを一緒に食べたかったから

② 二人は何時にまた会う約束をしましたか。
   A. 夜7時　　　B. 昼1時　　　C. 朝8時　　　D. 朝7時

③ 田中さんが買ったのは何ですか。
   A. 紅茶　　　　B. パン　　　C. ケーキ　　　D. 言及なし

8. スキットの音声に基づいて、空欄を簡体字で埋め、意味を確認しなさい。

① 女2：你 ＿＿＿＿ 我，有 ＿＿＿＿ 事儿?

② 女1：是 这样 的，＿＿＿＿ 课上 的 内容，
　　　　有 几 个 不 ＿＿＿＿ 的 地方……

③ 女2：是 这么 回 事儿 啊。不 ＿＿＿＿＿＿，
　　　　这会儿 ＿＿＿＿ 方便。
　　　　吃了 晚饭 咱们 一起 学习，＿＿＿＿＿＿?

④ 女1：好 哇。＿＿＿＿＿ 去 你 宿舍，行 吗?

⑤ 女2：没 问题。我 这儿 有 新 买 的 ＿＿＿＿，
　　　　一起 ＿＿＿＿ 吧。

⑥ 女1：太 ＿＿＿＿ 了! 我 刚好 买了 两 ＿＿＿＿ 蛋糕!

★まとめドリル

1　スキット(3)(4)の内容に基づいて、次の文章の空欄を簡体字で埋め、音読しなさい。

　　田中 有 午饭后 散步 的 (1)＿＿＿＿。我 今天 去 宿舍 (2) ＿＿＿＿ 她 的 时候，她 正好 在 校园里 (3)＿＿＿＿。上午 课上 的 内容，我 有 几 个 不 (4)＿＿＿＿ 的 地方，想 (5)＿＿＿＿ 田中。我 打算 晚上 (6)＿＿＿＿ 点去 她 的 宿舍，一起 学习，还 打算 一起 品尝 田中 新 买 的 (7)＿＿＿＿ 和 我 买 的 (8)＿＿＿＿。

2 下線部をほかの語句に置き換えて、ペアで会話練習をしなさい。

（1）A：你 有 什么 习惯？

B：我 每天 都 在 校园里 散 半 个 小时 步。

（2）A：咱们 一起 学习，怎么样？

B：好 哇。七点 去 你 宿舍，行 吗？

A：没 问题。我 这儿 有 新 买 的 红茶，一起 喝 吧。

B：太 棒 了！

語群（意味を辞書などで調べなさい）

书	咖啡	绿茶	蛋糕	草莓
shū	kāfēi	lǜchá	dàngāo	cǎoméi

看	吃
kàn	chī

第5課

セクション1

★到達目標

- □ 商品・製品の使い方を尋ねることができる。
- □ 既に起こった出来事について、その具体的な時間・場所などを尋ねたり伝えたりできる。
- □ 納得したことを伝えられる。

スキット(1) ドラッグストアにて(1)

🎧124

（場所: 日本、男: 中国人旅行客、女: 中国語が話せる日本人店員）

🎧122

1. 音声が聞こえた順に [ ] に番号を書きなさい。音声が流れなかったものには×をつけなさい。

[ ] 助ける　　[ ] 提供する　　[ ] メイク落とし　　[ ] 理解する

[ ] (商品の陳列) 棚　　　　　[ ] できる　　　　　[ ] 知っている、分かる

[ ] 選ぶ　　[ ] 少し　　[ ] 洗顔料

🎧123

2. 音声に基づいて、下線部にピンインを書き入れなさい。

① Wǒ _____ shuō yìdiǎnr.

② Wǒ bú _____ _____ Rìyǔ.

③ Nín _____ mǎi _____?

④ Zhèli _____ duō.

⑤ _____ zài nàbiān de _____shang.

🎧124

3. スキットの内容と合っていれば〇、間違っていれば×を〔　〕に入れなさい。

①　〔　　〕男性は日本語が堪能である。

②　〔　　〕女性は男性の知り合いだ。

③　〔　　〕男性は洗顔料を購入しようとしている。

④　〔　　〕店の棚にたくさんの種類の洗顔料が置いてある。

🎧124

4. スキットの音声に基づいて、空欄を簡体字で埋め、意味を確認しなさい。

①　男：スミマセン，你 _____ 说 _____ 吗?

②　女：我 会 说 _____。

③　男：太 好 了! 我 不 太 _____ 日语。

④　女：我 很 乐意 提供 _____。您 _____ 买 什么?

⑤　男：我 想 买 洗面奶。

　　　　这里 _____ 多，不 _____ 挑 哪 种 好。

⑥　女：_____ 都 是 卸妆油。

　　　　洗面奶 _____ 那边 的 货架_____。

スキット(2)　ドラッグストアにて(2)

🎧127

（場所: 日本、男: 中国人旅行客、女: 中国語が話せる日本人店員）

🎧125

5. 音声が聞こえた順に〔　〕に番号を書きなさい。音声が流れなかったものには×をつけなさい。

〔　〕パッケージ　　〔　〕留学する　　〔　〕全部で　　〔　〕合う

〔　〕使用方法　　　〔　〕簡単だ　　　〔　〕ブランド　〔　〕本物だ

〔　〕住む　　　　　〔　〕肌質

🎧126

6. 音声に基づいて、下線部にピンインを書き入れなさい。

①　_____ sì wǔ ge pǐnpái, _____ bùtóng fūzhì.

②　Bāozhuāng _____ yǒu shǐyòng _____ de shìyìtú.

③　Nǐ _____ zài _____ xué _____ Hànyǔ?

④　Duōkuī nǐ _____.

⑤　Bú _____.

7. スキットの内容と合っているものを選びなさい。

① この店で販売されている洗顔料は何種類ありますか？
　　A. ４、５種類　　　　　　　　　B. １２、３種類
　　C. １４、５種類　　　　　　　　D. ２、３種類

② 男性が気になっている洗顔料の使い方はどこに記載されていますか。
　　A. パッケージの蓋　　　　　　　B. パッケージの底
　　C. パッケージの表　　　　　　　D. パッケージの裏

③ 女性はどこで中国語を勉強しましたか。
　　A. 北京と日本　　B. 上海と日本　　C. 日本　　　　D. 中国

④ 女性は中国に少なくともどれくらい滞在していましたか。
　　A. 一年半　　　　B. 二年　　　　C. 二年半　　　D. 三年

8. スキットの音声に基づいて空欄を簡体字で埋め、意味を確認しなさい。

① 男：_____ 有 _____种 洗面奶？

② 女：_____ 四 五 个 品牌、十二 三 种 吧，
　　　　适合 _____ 肤质。

③ 男：这 种 洗面奶 _____ 用？

④ 女：包装 _____ 有 使用 方法 的 示意图，特 _____。

⑤ 男：你 的 汉语 真 _____。你 是 在 哪儿 学 ____ 汉语？

⑥ 女：谢谢。我 在 中国 学 的。
　　　　先 在 北京 ____了 两 年 学，
　　　　后来 在 上海 ____了 半 年。

⑦ 男：_____。多亏 你 帮忙。

⑧ 女：不 客气。_____ 您 的 惠顾。

★まとめドリル

1　スキット(1)(2)の内容に基づいて、次の文章の空欄を簡体字で埋め、音読しなさい。

我 (1)＿＿＿ 买 洗面奶，但 不 太 (2)＿＿＿ 日语，不 知道 (3)＿＿＿ 哪 种 好。正好 药妆店*里 的 售货员** 会 说 很 (4)＿＿＿ 的 汉语。她 说，这里 的 洗面奶 有 四 五 个 品牌、十二 三 (5)＿＿＿，(6)＿＿＿ 不同 的 肤质。(7)＿＿＿ 她 帮忙，我 找到***了 想 买 的。

＊药妆店 yàozhuāngdiàn ドラッグストア
＊＊售货员 shòuhuòyuán 販売員　　＊＊＊找到 zhǎodào 見つける

2　下線部をほかの語句に置き換えて、ペアで会話練習をしなさい。

（1）A：你 会 说 汉语 吗？

　　　B：我 会 说 一 点儿。/ 我 不 会 说。

（2）A：你 是 在 哪儿 学 的 汉语？

　　　B：我 在 中国 学 的。

語群（意味を辞書などで調べなさい）						
日语 Rìyǔ	英语 Yīngyǔ	法语 Fǎyǔ	德语 Déyǔ	韩语 Hányǔ	俄语 Éyǔ	西班牙语 Xībānyáyǔ
广东话 Guǎngdōnghuà		上海话 Shànghǎihuà		什么时候 shénme shíhou		怎么 zěnme
自己看书 zìjǐ kàn shū	听广播 tīng guǎngbō	看电视 kàn diànshì		看电影 kàn diànyǐng		看漫画 kàn mànhuà

★到達目標

☐ 過去に経験したことを尋ねたり伝えたりできる。
☐ 得意なことを尋ねたり伝えたりできる。
☐ 相手を称賛することができる。

スキット⑶ 得意なこと （女: 中国人、男: 日本人）

🎧130

🎧128
1. 音声が聞こえた順に ［ ］ に番号を書きなさい。音声が流れなかったものには×をつけなさい。

［ ］ギター　　　　 ［ ］ピアノ　　　 ［ ］書道　　　 ［ ］子ども
［ ］特技　　　　　 ［ ］好きだ　　　 ［ ］種類　　　 ［ ］楽器
［ ］サッカー　　　 ［ ］主に

🎧129
2. 音声に基づいて、下線部にピンインを書き入れなさい。

① Wǒ wàisheng zuìjìn _____ _____ xìngqùbān.

② Chádào yě hěn _____ _____.

③ Wǒ _____ jítā, bú tài huì _____.

④ Nǐ yǒu shénme _____?

⑤ Wǒ _____ de _____ shì Rìběncài.

🎧130
3. スキットの内容と合っていれば〇、間違っていれば×を入れなさい。

① ［ ］日本の子どもは習い事をする。
② ［ ］習い事として茶道はあまり人気がない。
③ ［ ］会話の中の男性はギターを弾くのが上手である。
④ ［ ］会話の中の女性は料理が得意だ。

🎧130
4. スキットの音声に基づいて、空欄を簡体字で埋め、意味を確認しなさい。

① 女: 我 外甥 _____ 开始 上 兴趣班。

　　　 日本 的 _____ 上 兴趣班 吗？

② 男：很 多 小朋友 都 _____。

学 _____ 的，大多 ___ 钢琴、小提琴、吉他 什么的。

_____ 类 的 兴趣班 有 _____班、空手道班 等等。

珠算、_____、茶道 也 很 受 _____。

③ 女：种类 真 _____！你 _____ 演奏 乐器 吗？

④ 男：我 学过 吉他，不 _____ 会 弹。

⑤ 女：你 有 什么 _____？

⑥ 男：我 _____ 做 菜，厨艺 _____。

⑦ 女：真的？你 _____ 做 什么 菜？

⑧ 男：我 做 的 主要 是 _____。

スキット(4) 何料理が得意？　（女: 中国人、男: 日本人）

🎧133

🎧131

5. 音声が聞こえた順に ［ ］に番号を書きなさい。音声が流れなかったものには×をつけなさい。

［ ］すごい　　　　［ ］ルームメイト　　［ ］機会　　　［ ］出勤する

［ ］責任を負う　　［ ］両親　　　　　　［ ］挑戦する　［ ］腕前

［ ］だます　　　　［ ］普通

🎧132

6. 音声に基づいて、下線部にピンインを書き入れなさい。

① Wǒ _____ dōu _____.

② Zài Rìběn de _____ yìbān wǒ zuò _____.

③ Nǐ kě zhēn _____!

④ Wǒ _____ de Zhōngguócài kě shì yì _____.

⑤ Wǒ _____ dāng píngwěi, kàn _____ de shǒuyì _____ hǎo.

🎧133

7. スキットの内容と合っているものを選びなさい。

① 男性が日本にいたときに、家で夕飯を作っていたのは誰ですか。

A. 男性の父親　　　　　B. 男性の母親

C. 男性　　　　　　　　D. 家族全員が輪番制で作っていた

② 中国料理を作るのが上手なのは誰ですか。

    A. 男性   B. 女性   C. 男性のルームメイト   D. 女性のルームメイト

③ 女性は何料理を作りますか。

    A. 日本料理   B. 中国料理   C. 韓国料理   D. 料理を作らない

④ 次の叙述の中で、スキットの内容に合わないのはどれですか。

    A. 男性は共働き家庭に生まれた

    B. 男性は女性に嘘をついた

    C. 女性は男性に感心している

    D. 女性には舌が肥えているという自信がある

🎧133

8. スキットの音声に基づいて空欄を簡体字で埋め、意味を確認しなさい。

① 男：我 _____ 都 上班,

    在 日本 的 时候 _____ 我 做 _____。

② 女：没 _____ 我 吧? 那 你 可 真 _____!

    中国菜 也 会 _____ 吗?

③ 男：中国菜 没 _____过。

④ 女：我 _____ 的 中国菜 可是 一绝。

    找 个 _____,你 做 _____菜,我 室友 做 中国菜⋯⋯

⑤ 男：_____ 你 呢? 你 做 _____ 菜?

⑥ 女：我 负责 _____ 评委,看 谁 的 手艺 _____ 好。

★まとめドリル

1 スキット(3)(4)の内容に基づいて、次の文章の空欄を簡体字で埋め、音読しなさい。

    中国 的 和 日本 的 小朋友 很 多 (1)_____ 上 兴趣班。在 日本,学 乐器 的 大多 学 钢琴、小提琴 (2) _____,珠算、书法、茶道 也 很 (3) _____ 欢迎。我 学过 吉他,但是 现在 不 太 (4) _____ 弹 了。我 的 (5) _____ 是 做 日本菜。在 家 的 (6) _____,(7) _____ 一般 我 做。

2 下線部をほかの語句に置き換えて、ペアで会話練習をしなさい。

    A：你 有 什么 特长?

    B：我 会 弹 吉他。

第6課

★到達目標

□ 中国の銀行で口座を開くための中国語表現を習得する。

□ 明確な意志を"要"を用いて表現できる。

□ モノを指示する「この/あの＋名詞」の中国語表現"这/那＋量詞＋名詞"がスムーズに
使えるようになる。

スキット(1)　銀行の窓口にて(1)　（場面: 中国、男: 日本人留学生、女: 銀行員）

🎧136

🎧134

1. 音声が聞こえた順に［　］に番号を書きなさい。音声が流れなかったものには×をつけなさい。

［　］口座　　　　　　［　］コピーする　　　［　］表　　　　　　［　］カメラ

［　］署名する　　　［　］（口座を）開く　　［　］記入する

［　］～枚（紙などを数える）　　　　　　　［　］銀行　　　　　［　］情報

🎧135

2. 音声に基づいて、下線部にピンインを書き入れなさい。

①　Wǒ yào _____ yí ge yínháng _____.

②　Nǐ shì _____ ma?

③　Wǒ shì _____ Běijīng Dàxué _____ de Rìběnrén.

④　Qǐng _____ zhè zhāng biǎo.

⑤　Wǒmen yào _____ nín de _____.

⑥　Qǐng zài zuì xiàmiàn de yì lán _____.

⑦　Xiě hùzhàoshang de Yīngwén _____.

⑧　Yínháng yào _____ nǐ de miànbù _____.

🎧136
3. スキットの内容と合っていれば〇、間違っていれば×を［ ］に入れなさい。

① ［ ］男性はクレジットカードを作成しに来た。
② ［ ］男性は北京大学の日本人留学生である。
③ ［ ］サインはパスポートに記載されている漢字名で書く。
④ ［ ］銀行は口座を開く人の指紋情報を集める必要がある。

🎧136
4. スキットの音声に基づいて、空欄を簡体字で埋め、意味を確認しなさい。

① 男：你好！我要_____一个银行账户。
② 女：好的。你是_____吗？
③ 男：对，我是在北京大学_____的日本人。
④ 女：请_____这张表。
　　　　另外，我们要复印您的_____。
⑤ 男：好，护照先_____您。……表_____了，给。
⑥ 女：请在最_____的一栏签名，不写_____，
　　　　写护照上的_____名字。
⑦ 男：好的。这样_____了吗？
⑧ 女：没_____了。银行_____采集你的面部信息，
　　　　请_____你左侧的摄像头。

スキット(2)　銀行の窓口にて(2)　　（場面: 中国、男: 日本人留学生、女: 銀行員）

🎧139

🎧137
5. 音声が聞こえた順に［ ］に番号を書きなさい。音声が流れなかったものには×をつけなさい。

［ ］成功する　　［ ］携帯電話　　　［ ］操作する　　　［ ］設定する
［ ］預金　　　［ ］必要である　　［ ］発信する　　　［ ］パスワード
［ ］ショートメッセージ　　　　　　［ ］入力する

🎧138
6. 音声に基づいて、下線部にピンインを書き入れなさい。

① Qǐng _____ gāngcái tōngguò duǎnxìn _____dào nǐ
　shǒujīshang de sì wèi _____ de rènzhèngmǎ.

② Ránhòu qǐng _____ liù wèi shùzì de yínhángkǎ _____.

③ Yào bu yào kāitōng _____ yínháng hé _____ yínháng de gōngnéng?

④ Wǒ xiǎng _____ Zhīfùbǎo.

⑤ Xiǎo'é _____ qǐng zài dàtáng de zìdòng guìyuánjīshang _____.

🎧139

7. スキットの内容と合っているものを選びなさい。

① まず入力するのは何ですか。
   A. 6桁の銀行口座番号
   B. ショートメールで送られたきた4桁の数字
   C. ショートメールで送られたきた6桁の認証番号
   D. 4桁の暗証番号

② アリペイを使うために開通しなければならない機能はどれですか。
   A. ネットバンキング
   B. モバイルバンキング
   C. ネットバンキングとモバイルバンキングの両方
   D. ネットバンキングとモバイルバンキングの開通は必要ない

③ 1000元はどこで預金できますか。
   A. 銀行の窓口　　　　　　　　B. ネットバンキング
   C. ロビーにあるATM　　　　　D. モバイルバンキング

🎧139

8. スキットの音声に基づいて空欄を簡体字で埋め、意味を確認しなさい。

① 女：请 输入 刚才 通过 _____
      发送到 你 _____上 的 四 位 数字 的 认证码。

② 女：然后 请 设定 六 位 数字 的 _____ 密码。

③ 女：请 再次 输入 你 _____ 设定 的 密码。

④ 女：密码 设定 _____。
      要 不 要 开通 网上 银行 和 _____ 银行 的 功能？

⑤ 男：我 想 ___ 支付宝，一定 要 开通 这 两 个 _____ 吗？

⑥ 女：不 _____。

⑦ 男：我 还 想 在 账户里 _____ 一 千 块 钱。

⑧ 女：小额 存款 请 _____ 大堂 的 自动 柜员机上 操作。

★まとめドリル

1　スキット(1)(2)の内容に基づいて、次の文章の空欄を簡体字で埋め、音読しなさい。

　　　　(1) _____ 银行 账户 的 时候，要 带上* 护照 和 手机。在 表 的 最 下面 的 一 (2) _____ 签 护照上 的 英文 名字。银行 还 要 采集 面部 (3) _____。认证码 有 四 位 数字，(4) _____ 短信 发送到 手机上。银行卡 (5) _____ 是 六 位 数字。不 开通 网上 银行 和 手机 银行 (6) _____，也 (7) _____ 用 支付宝。小额 存款 一般 在 大堂 的 自动 柜员机上 (8) _____。

　　　*带上 dàishang 携帯する，持参する

2　下線部をほかの語句に置き換えて、ペアで会話練習をしなさい。

A：你 好！我 要 <u>开 一 个 银行 账户</u>。
B：好 的。你 是 外国人 吗？
A：对，我 是 在 <u>北京</u> 大学 留学 的 <u>日本人</u>。

語群（意味を辞書などで調べなさい）

| 办入学手续 | 办理登记手续 | 办理入境手续 | 办无线网络 |
| bàn rùxué shǒuxù | bànlǐ dēngjì shǒuxù | bànlǐ rùjìng shǒuxù | bàn wúxiàn wǎngluò |

セクション2

★到達目標

□ イベントの開催日時・場所を尋ねたり、伝えたりできる。
□ 相手の意見を求めたり、簡単にコメントしたりできる。
□ ある目標に向けての取り組みを伝えることができる。
□ 不安に思っている相手に「きっとうまくいく」と励ますことができる。

スキット⑶ カラオケ大会に出場する　　　　（登場人物: 田中、小王）

🎧142

🎧140

1. 音声が聞こえた順に［　］に番号を書きなさい。音声が流れなかったものには×をつけなさい。

［　］聞いている　　　　［　］参加する　　　　　　　　［　］大講堂
［　］既に　　　　　　　［　］（試合を数える量詞）〜試合　［　］申し込む
［　］カラオケ　　　　　［　］コンテスト

🎧141

2. 音声に基づいて、下線部にピンインを書き入れなさい。

① Zhè ge xīngqī tiān _____ yǒu yì chǎng Rìyǔ kǎlā OK _____.
② Nǐ _____ le ma?
③ Nǐ _____ bu _____?
④ Wǒ yǐjīng _____ míng le.
⑤ Xiàwǔ _____ diǎn, zài _____.
⑥ _____ wǒ yǒu _____.

🎧142

3. スキットの内容と合っていれば○、間違っていれば×を［　］に入れなさい。

①　［　］今週日曜日に学校で日本語スピーチコンテストがある。
②　［　］コンテストは午前10時から始まる。
③　［　］コンテストは大講堂で行われる。
④　［　］田中さんと王さんは一緒にコンテストに行くことになった。

🎧142

4. スキットの音声に基づいて、空欄を簡体字で埋め、意味を確認しなさい。

①　小王：田中，这 个 ____ 学校 有 一 场 日语 卡拉 OK 比赛，
　　　　　你 _____ 了 吗？

② 田中： ___ 听说。你 _____ 不 _____ ？

③ 小王： 我 已经 _____ ___ 了。

④ 田中： ___ 我 一定 _____ 去 看。比赛 几点 _____？

⑤ 小王： 下午 ___ 点 ， ___ 大礼堂。

⑥ 田中： 好， 正好 我 有 _____ ，和 你 _____ 去 吧。

スキット(4) 君ならきっと大丈夫！ （登場人物: 田中、小王）

🎧145

🎧143
5. 音声が聞こえた順に ［ ］ に番号を書きなさい。音声が流れなかったものには×をつけなさい。

［ ］ 補習する 　　　　　［ ］（試合を数える量詞）〜試合 　　［ ］ 感じる

［ ］ 良い具合である 　　［ ］ 頑張って 　　　　　　　　　　［ ］ 緊張する

［ ］ ちなみに 　　　　　［ ］ 練習する 　　［ ］ 発音 　　　［ ］ 毎晩

🎧144
6. 音声に基づいて、下線部にピンインを書き入れなさい。

① Wǒ xiǎng _____ "Fěnxuě".

② Nǐ _____ zěnmeyàng?

③ Zhè shì wǒ zuì _____ de yì shǒu gē.

④ Nǐ _____ le ma?

⑤ Wǒ zhè jǐ tiān měiwǎn _____ bàn ge xiǎoshí.

⑥ Rìyǔ _____ hái yǒu yìdiǎnr wèntí.

⑦ Wǒ jīntiān wǎnshang _____ nǐ ba.

⑧ Wǒ kāishǐ _____ le!

🎧145
7. スキットの内容と合っているものを選びなさい。

① 王さんが歌う予定の言語は何ですか。

A. 英語 　　　　　B. 中国語 　　　　　C. 日本語 　　　　　D. ロシア語

② 王さんは毎晩どれくらい練習をしていますか。

A. 30 分 　　　　　B. 1 時間 　　　　　C. 1 時間半 　　　　　D. 言及なし

③ 不安に思っている王さんに田中さんは何と言いましたか。

A. もっとたくさん練習しなよ。 　　　　B. あなたならきっと大丈夫よ。

C. 私が一番好きな歌だよ。 　　　　　　D. 日本語の発音ちょっと問題あるね。

8. スキットの音声に基づいて空欄を簡体字で埋めなさい。

① 小王：对了，我 想 ＿＿＿＿《粉雪》，
你 觉得 ＿＿＿＿＿？

② 田中：＿＿ 巧 ＿＿＿，这 是 我 最 ＿＿＿ 的 一 ＿＿ 歌。
你 ＿＿＿熟 了 吗？

③ 小王：怎么 说 呢？我 ＿＿＿＿ 每晚 练 半 个 ＿＿＿＿＿，
＿＿＿＿ 日语 ＿＿＿＿ 还 有 一点儿 ＿＿＿＿＿。

④ 田中：我 今天 晚上 ＿＿＿＿＿ 你 吧。

⑤ 小王：真的？那 晚上 我 ＿＿＿＿＿ 你 那儿 去 吧。
想到 比赛，我 开始 ＿＿＿＿＿ 了！

⑥ 田中：＿＿＿＿＿！你 一定 没 问题！

★まとめドリル

1 スキット(3)(4)の内容に基づいて、次の文章の空欄を簡体字で埋め、音読しなさい。

我 要 (1)＿＿＿ 这 个 星期 天 的 日语 卡拉 OK 比赛。比赛 下午 两 (2)＿＿＿ 在 大礼堂 开始，田中 也 去。我 想 唱 田中 最 (3)＿＿＿ 的《粉 雪》，这 几 天 每晚 都 (4)＿＿＿ 半 个 (5)＿＿＿。我 的 日语 发音 还 有 一点儿 (6)＿＿＿，田中 今天 晚上 (7)＿＿＿ 我。我 很 (8)＿＿＿，不过 田中 说 我 一定 没 (9)＿＿＿。

2 下線部をほかの語句に置き換えて、ペアで会話練習をしなさい。

（1）A：这 个 星期天 学校 有 一 场 卡拉OK 比赛，你 听说 了 吗？
B：没 听说。你 参加不参加？
A：我 已经 报完 名 了。

（2）A：想到 比赛，我 开始 紧张 了！
B：加油！你 一定 没 问题！

語群（意味を辞書などで調べなさい）

汉语演讲比赛	电影展映	日语辩论比赛
Hànyǔ yǎnjiǎng bǐsài	diànyǐng zhǎnyìng	Rìyǔ biànlùn bǐsài

第7課

セクション1	

★到達目標

□ 相手の行為を阻止できる。

□ 手伝いの申し出をすることができる。

□ 面倒をかけたときの申し訳ない気持ちを伝えられる。

スキット(1) 富士山にて(1)　　（男、女1、女2：全て中国人留学生）

🎧148

🎧146

1. 音声が聞こえた順に［　］に番号を書きなさい。音声が流れなかったものには×をつけなさい。

［　］ついに　　　［　］天気　　　　［　］ずっと　　　［　］～するな

［　］空気　　　　［　］捻挫する　　［　］足　　　　　［　］雨が降る

［　］久しい　　　［　］呼吸する

🎧147

2. 音声に基づいて、下線部にピンインを書き入れなさい。

① _____ dào Fùshìshān le.

② Hěn _____ méiyou hūxīdào _____ xīnxiān de _____ le.

③ Zài shítoushang _____ yí xià.

④ Zhè kě _____ bù _____ bàn.

⑤ _____ zuòxia, _____ dòng.

🎧148

3. スキットの内容と合っていれば○、間違っていれば×を入れなさい。

① ［　］今日は久しぶりのいい天気だ。

② ［　］雨のせいで、最近の大気汚染は少し深刻だ。

③ [　] 女性は石につまずいて足に怪我をした。

④ [　] 男性は女性に動かないほうがいいとアドバイスをした。

🎧148

4. スキットの音声に基づいて、空欄を簡体字で埋め、意味を確認しなさい。

① 男　：终于 ＿＿＿＿＿ 富士山 了。

　　　　　今天 老天爷 太 ＿＿＿＿＿＿ 了，＿＿＿＿＿＿ 真 不错。

② 女1：是 啊！前 些 天 ＿＿＿＿＿，一直 闷在 ＿＿＿＿ 里，

　　　　　很 久 ＿＿＿＿＿＿ 呼吸到 ＿＿＿＿ 新鲜 的 空气 了。

③ 女2：哎呀……

④ 男　：你 ＿＿＿＿＿＿？

⑤ 女2：在 石头 上 绊了 ＿＿＿＿＿，＿＿＿ 好像 扭＿＿＿ 了。

⑥ 男　：这 可 ＿＿＿＿＿＿＿ 不 好 办。先 坐＿＿＿，＿＿＿＿ 动。

スキット⑵ 富士山にて⑵ 　　（男、女1、女2：全て中国人留学生）

🎧151

🎧149

5. 音声が聞こえた順に [　] に番号を書きなさい。音声が流れなかったものには×をつけなさい。

[　] カバン　　　　　[　] 大げさに言う　　　　[　] 診療所

[　] 付近　　　　　　[　] 背負う　　　　　　　[　] ～のために

[　] 支える　　　　　[　] （～のようなひどい状態までには）ならない

🎧150

6. 音声に基づいて、下線部にピンインを書き入れなさい。

① Gāngcái ＿＿＿＿＿＿＿ yǒu yí ge jiùhùzhàn.

② Wǒ qù jiùhùzhàn zhǎo rén ＿＿＿＿＿＿＿ yíxià ＿＿＿＿＿＿＿.

③ Bú ＿＿＿＿＿＿＿ ba.

④ ＿＿＿＿＿＿＿ nàme kuāzhāng.

⑤ Nǐ de bāor, wǒ ＿＿＿＿＿＿＿ nǐ ＿＿＿＿＿＿＿ ba.

🎧151

7. スキットの内容と合っていれば○、間違っていれば×を入れなさい。

① [　] 近くに診療所がある。

② [　] 女性は救助を呼んで欲しいと言った。

③ [　] 男性は怪我をした女性を支えようと申し出た。

④ [　] 怪我をした女性は自分でリュックを背負った。

🎧151
8. スキットの音声に基づいて空欄を簡体字で埋め、意味を確認しなさい。

① 男　：＿＿＿＿＿ 有 救护站 吗?

② 女1：刚才 ＿＿＿＿＿ 有 一 个 救护站。

③ 男　：好，我 去 救护站 找 人 ＿＿＿＿＿ 一下 ＿＿＿＿＿。

④ 女2：不 ＿＿＿＿＿ 吧，我 还 行。别 ＿＿＿＿＿ 夸张。

⑤ 男　：那 我 ＿＿＿＿＿ 你?

⑥ 女1：你 的 ＿＿＿＿＿，我 ＿＿＿＿＿ 你 背 吧。

⑦ 女2：这 太 ＿＿＿＿＿＿ 了!

★まとめドリル

1　スキット(1)(2)の内容に基づいて、次の文章の空欄を簡体字で埋め、音読しなさい。

　　前 (1)＿＿＿ 天 下 雨，一直 闷 在 家里。今天 (2)＿＿＿＿ 终于 好 了，我们 三 个 人 去了 富士山。我 在 石头上 (3)＿＿＿＿ 一 下，扭伤了 (4)＿＿＿＿。附近 有 一 个 救护站。不过 我 (5)＿＿＿＿ 行，(6)＿＿＿＿＿ 要 去 救护站 (7)＿＿＿＿ 人 帮忙。

2　下線部をほかの語句に置き換えて、ペアで会話練習をしなさい。

　　A：终于 到 富士山 了。
　　B：是 啊! 很 久 没有 呼吸到 这么 新鲜 的 空气 了。

語群（意味を辞書などで調べなさい）

到家	放假	这么轻松
dào jiā	fàng//jià	zhème qīngsōng

到達目標

☐ 不安でモヤモヤした気持ちを伝えられる。
☐ 情報をどうやって手に入れたのかを尋ねられる。
☐ 動作の回数を表現できる。

スキット(3) 何か心配事でも？　　（小婷［Xiǎotíng］、丽丽［Lìli］）

🎧154

🎧152
1. 音声が聞こえた順に［ ］に番号を書きなさい。音声が流れなかったものには×をつけなさい。

[ ] 昼　　　　[ ] 出くわす　　　[ ] 心配事　　　　　[ ] ～のために

[ ] やめる　　[ ] 返答する　　　[ ] ドキドキする

[ ]（聞き手を含む）私たち　　　[ ] 実は　　　　　　[ ] 何でもない

🎧153
2. 音声に基づいて、下線部にピンインを書き入れなさい。

① Nǐ jīntiān _____ le?

② Nǐ kànle _____ _____ shǒujī le?

③ _____, bù _____ nǐ le.

④ Wǒ zuótiān wǎnshang _____ zánmen bānshang de Xiǎo-Chén fāle wēixìn.

⑤ Jiù _____ zhège ya?

🎧154
3. スキットの内容と合っていれば〇、間違っていれば×を［ ］に入れなさい。

① [ ] 二人は午前中からずっと一緒にいる。

② [ ] 麗麗（丽丽）には気になっていることがある。

③ [ ] 陳くんは二人のクラスメートである。

④ [ ] 麗麗（丽丽）は陳くんの返信内容が原因で落ち込んでいる。

🎧154
4. スキットの音声に基づいて、空欄を簡体字で埋め、意味を確認しなさい。

① 小婷：丽丽，你 今天 _____ 了？有 _____ 吧？

② 丽丽：_____，小婷，我 _____ 好 的。

③ 小婷：你 说，咱俩 中午 _____ 到 现在，
　　　　　你 看了 多少 _____ 手机 了？

75

④ 丽丽：哎呀，_____，不 瞒 你 了。

⑤ 小婷：_____ 就 对 了！你 _____ 什么 事儿 了？

我 给 你 _____。

⑥ 丽丽：其实 我 昨天 晚上 给 咱们 班上 的 小陈

_____了 条 微信，到 现在 还 没 _____ 我。

我 心里 _____ 打鼓。

⑦ 小婷：哦，就 _____ 这个 呀，不 _____ 吧？

スキット(4) 彼になんて言ったの？ （小婷、丽丽）

🎧157

🎧155

5. 音声が聞こえた順に ［ ］に番号を書きなさい。音声が流れなかったものには×をつけなさい。

［ ］ガールフレンド 　［ ］まさか〜ではあるまい 　［ ］壊れる

［ ］話 　　　　　　　　［ ］水 　　　　　　　　　［ ］ボートをこぐ

［ ］その結果 　　　　　［ ］知らせる 　　　　　　［ ］忘れる

🎧156

6. 音声に基づいて、下線部にピンインを書き入れなさい。

① Shǒujī _____ shuǐli, _____ le.

② Shì _____ yì _____ shìr a.

③ Nǐ shì _____ zhīdao de?

④ Tā shénme _____ yǒu de _____ a.

⑤ _____ de huà, nǐ dōu _____ ba.

🎧157

7. スキットの内容と合っているものを選びなさい。

① 陳くんは昨日の午後に何をしましたか。

A. 携帯電話を買った 　　　　B. 携帯電話の修理をした

C. ボート遊びをした 　　　　D. 彼女とデートした

② 陳くんの携帯電話はどうしましたか。

A. 地面におちて故障した 　　B. 水没して故障した

C. どこかに置き忘れてしまった 　D. 盗難に遭った

76

③　なぜ婷さん（小婷）が陳くんの携帯電話のことを知っていたのですか。

A. 婷さんは陳くんと付き合っているから

B. 婷さんは陳くんのクラスメートだから

C. 婷さんは陳くんの彼女のルームメイトだから

D. 婷さんは陳くんの彼女のクラスメートだから

④　陳くんは今の彼女とどれくらい付き合っていますか。

A. 数週間　　　　B. 数ヶ月　　　　C. 一年間　　　　D. 数年

🎧157

8. スキットの音声に基づいて空欄を簡体字で埋め、意味を確認しなさい。

①　小婷：你 不 _____，小陈 昨天 下午 去 _____，

结果 手机 掉进 _____里，坏 了。

②　丽丽：哦，是 这么 一 _____ 事儿 啊。

_____，你 是 怎么 知道 的?

③　小婷：他 _____ 是 我 室友 啊，我 没 _____过 你?

④　丽丽：啊? 他 什么 _____ 有 的 女朋友 啊……

⑤　小婷：_____ 个 月 了 吧。难道……

你 给 他 _____ 微信 说 什么 了 呀?

⑥　丽丽：……_____ 的 话，

你 都 _____ 吧，求 你 了，小婷!

★まとめドリル

1　スキット(3)(4)の内容に基づいて、次の文章の空欄を簡体字で埋め、音読しなさい。

丽丽 今天 好像 有 (1)_____，一直 在 看 (2) _____。她 开始 的 时
候 还 想 (3) _____ 我。我 说了 能 给 她 出 (4) _____ 以后，她 说，小
陈 没有 (5) _____ 她 的 微信，她 心里 有点儿 (6) _____。其实 我 知道
小陈 昨天 去 (7) _____，手机 (8) _____ 水里，(9) _____ 了。

第8課

セクション1

★到達目標

- □ 相手がしてくれた行為にお礼を言うことができる。
- □ 他のモノや時期と比較して、優劣をつける評価ができる。
- □ お祝いを言うことができる。
- □ 思う結果にならず落ち込んでいる相手に、まだチャンスがあると励ますことができる。

スキット⑴ カラオケ大会の結果 　（登場人物: 田中、小王）

🎧160

🎧158

1. 音声が聞こえた順に［ ］に番号を書きなさい。音声が流れなかったものには×をつけなさい。

［ ］応援する 　　　［ ］功績 　　　［ ］獲得する 　　　［ ］順位

［ ］〜おめでとう 　　　［ ］（耳で聞いて音楽などが）美しい

［ ］準優勝 　　　［ ］司会者 　　　［ ］発表する

🎧159

2. 音声に基づいて、下線部にピンインを書き入れなさい。

① Xièxie nǐ lái _____.

② Nǐ de "Fěnxuě" zhēn _____.

③ Rìyǔ fāyīn yě _____ liànxí de shíhou _____ duōle.

④ Zhè dōu shì nǐ de _____ a.

⑤ _____ bú fù yǒuxīnrén.

⑥ Zhùhè nǐ _____ yàjūn!

🎧160
3. スキットの内容と合っていれば○、間違っていれば×を入れなさい。

① ［　］カラオケ大会で田中さんが優勝した。
② ［　］カラオケ大会の審査結果の発表後、王さんは田中さんに会った。
③ ［　］田中さんは王さんに日本語の発音が練習と同じように上手だったと
　　　　言った。
④ ［　］王さんが準優勝したことを田中さんは喜んでいない。

🎧160
4. スキットの音声に基づいて、空欄を簡体字で埋め、意味を確認しなさい。

① 主持人： 下面 宣布 卡拉 OK ＿＿＿＿＿ 名次……
② 田中： 小王!
③ 小王： 啊，田中，你 也 来 了 啊! ＿＿＿＿＿ 你 来 捧场。
④ 田中： 你 的 《粉雪》 ＿＿＿＿＿ 好听。
　　　　　＿＿＿＿＿ 发音 也 ＿＿＿＿ 练习 的 时候 地道多了。
⑤ 小王： 这 都 是 你 的 ＿＿＿＿＿ 啊。
⑥ 田中： 哪里 哪里，功夫 不 负 有心人。
　　　　　＿＿＿＿＿ 你 获得 亚军!
⑦ 小王： 咳……

スキット(2)　来年こそ！　（登場人物: 田中、小王）

🎧163

🎧161
5. 音声が聞こえた順に ［　］ に番号を書きなさい。音声が流れなかったものには×をつけなさい。

［　］残念だ　　　　　［　］うれしい　　　　　［　］感動的だ
［　］気分が良い　　　［　］がっかりする　　　［　］理屈
［　］本来　　　　　　［　］考えていた（事実と合わない判断を述べる）
［　］優勝　　　　　　［　］特別に

🎧162
6. 音声に基づいて、下線部にピンインを書き入れなさい。

① Nǐ ＿＿＿＿＿ méi nàme ＿＿＿＿＿ a.
② Wǒ běnlái ＿＿＿＿＿ wǒ néng dé ＿＿＿＿＿ ne.

③ Nà shì _____ kěxī.

④ Nǐ _____ huīxīn.

⑤ Nǐ de gē tèbié _____.

⑥ Nǐ zhème shuō, wǒ _____ duōle.

⑦ Míngnián hái yǒu _____, hái néng zài _____ yí cì.

⑧ Yǒu _____!

⑨ Yǐhòu wǒ hái _____ duō xué yìxiē Rìyǔ gē.

🎧163
7. スキットの内容と合っているものを選びなさい。

① なぜ王さんはあまり嬉しそうではないのですか。
　A. 日本語の発音がうまくできなかったから
　B. 応援に来るはずの友達が来なかったから
　C. 優勝できると思っていたのに、準優勝だったから

② 王さんは田中さんになぜ"有道理"と言ったのですか。
　A. 田中さんが、来年もまたカラオケ大会に挑戦できると言ったから
　B. 王さんの歌が、田中さんにとって一番だと言ったから
　C. カラオケ大会に挑戦することに意義があると言ったから

③ スキットの内容に合わないものはどれですか。
　A. 田中さんと王さんは来年一緒にカラオケ大会に出場する
　B. 田中さんは王さんに、一緒にカラオケに行こうと誘っている
　C. 王さんは、もっと日本語の歌を学ぶ必要があると思っている

🎧163
8. スキットの音声に基づいて空欄を簡体字で埋め、意味を確認しなさい。

① 田中：怎么 了？ 你 好像 没 _____ 高兴 啊。

② 小王：我 本来 _____ 我 能 _____ 冠军 呢。

③ 田中：哦，那 是 _____ 可惜。不过，你 _____ 灰心。
　　　　你 的 歌 _____ 感人， 在 我 心里 是 _____ 棒 的。

④ 小王：你 这么 说，我 好受_____。

⑤ 田中：再说，_____ 还 有 机会，还 能 _____ 挑战 一 次。

⑥ 小王：有 _____！ 以后 我 还 _____ 多学 一些 日语歌。

⑦ 田中：这 就 _____ 了。 咱们 还 要 _____ 去 唱 卡拉OK 呢。

80

1 スキット(1)(2)の内容に基づいて、次の文章の空欄を簡体字で埋め、音読しなさい。

　　　小王 在 日语 卡拉 OK 比赛上 唱 的 《粉雪》 非常 (1)_____，日语 的 发音 也 比 练习的 时候 (2)_____多了。她 本来 (3)_____ 能 得 冠军，可 是 最后 得了 (4)_____，不 太 (5)_____。可是 她 的 歌 在 我 心里 是 最 (6)_____ 的。再说，明年 还 有 (7)_____，她 还 能 再 (8)_____ 一 次。她 听 我 这么 说，(9)_____多了。

★到達目標

□ グループのリーダーや代表者として誰かを推薦することができる。
□ 相手の提案に反対したり、同意したりできる。

スキット(3) サークルの会長は誰に？

🎧166
（女1、女2、男［张力 Zhāng Lì］：漫画同好会の仲間）

🎧164
1. 音声が聞こえた順に［ ］に番号を書きなさい。音声が流れなかったものには×をつけなさい。

［ ］熱心である　　　［ ］精通する　　　　［ ］会長
［ ］冗談を言う　　　［ ］漫画　　　　　　［ ］適当だ
［ ］推挙する　　　　［ ］真面目だ　　　　［ ］研究会

🎧165
2. 音声に基づいて、下線部にピンインを書き入れなさい。

① Yòu dàole zánmen _____ yánjiūhuì tuījǔ xīn yí rèn _____ de shíhou le.
② Wǒ kàn tǐng _____.
③ Wǒ yě juéde huìzhǎng _____ Zhāng Lì _____.
④ Nǐ tèbié _____, zài tóngxuézhōng yě yǒu hàozhàolì.
⑤ Wǒ kě _____ méi xiǎngguo _____ huìzhǎng.
⑥ Lǚ Tíng huà _____ bù duō, kě zuòshì _____.

🎧166
3. スキットの内容と合っていれば〇、間違っていれば×を［ ］に入れなさい。

① ［ ］三人は落語同好会の次期会長について話をしている。
② ［ ］女性二人は、張力が会長に相応しいと思っている。
③ ［ ］張力は、同好会の会長を喜んで引き受けた。
④ ［ ］張力は、話も上手で真面目な呂婷が会長に適任だと考えている。

4. スキットの音声に基づいて、空欄を簡体字で埋め、意味を確認しなさい。

① 女1： 又 到了 咱们 ＿＿＿＿＿ 研究会

推举 新 一 任 会长 的 ＿＿＿＿＿ 了。

② 女2： 张力 ＿＿＿＿＿？我 ＿＿＿ 挺 合适。张力，你 ＿＿＿ 呢？

③ 张力： 什么？我？你 是 开 玩笑，＿＿＿＿＿ 说 真 的？

④ 女1： 我 也 ＿＿＿＿＿ 会长 非 张力 莫属。

你 特别 热心，在 同学中 也 有 号召力。

⑤ 张力：你 也 ＿＿＿＿＿ 说！我 可 从来 没 ＿＿＿＿＿ 当 会长。

找 吕婷 吧，她 精通 漫画，

一定 ＿＿＿＿＿ 当好 这 个 会长。

⑥ 女2： 也 是。吕婷 话 虽然 不 多，可 ＿＿＿＿＿ 认真，没的说。

スキット(4) 承知しました （女1、女2、男［张力 Zhāng Lì］：漫画同好会の仲間）

5. 音声が聞こえた順に ［ ］ に番号を書きなさい。音声が流れなかったものには×をつけなさい。

［ ］〜する気がある　　［ ］〜期（職務についた回数を数える）

［ ］おとなしく従う　　［ ］断る　　　　　　　［ ］呼びかける力

［ ］これまでずっと（〜したことがない）　　　　［ ］組み合わせ

［ ］仕事をする

6. 音声に基づいて、下線部にピンインを書き入れなさい。

① Bù zhīdào Lǚ Tíng ＿＿＿＿＿ bu yuànyì dāng huìzhǎng.

② Wǒ xiān qù wèn ＿＿＿＿＿ ba.

③ Nǐ ＿＿＿＿＿ zhè jiàn shìr.

④ Zhè ge ＿＿＿＿＿ yě búcuò.

⑤ Nǐ kě bié zài ＿＿＿＿＿ le a.

⑥ Nǐ ＿＿＿＿＿ bié "kěshì" le.

⑦ Méiyǒu bǐ nǐ ＿＿＿＿＿ héshì de le.

⑧ ＿＿＿＿＿le nǐmen le.

7. スキットの内容と合っているものを選びなさい。

① 女性たちは誰を会長として推していますか。
   A. 張力　　　　B. 呂婷　　　　C. 田中　　　　D. 言及なし

② 女性たちは誰を副会長として推していますか。
   A. 田中　　　　B. 張力　　　　C. 呂婷　　　　D. 言及なし

③ "没有比你更合适的了"と同等の意味を選びなさい。
   A. 你最不合适。　　　　　　　　B. 你最合适。
   C. 你有点儿不合适。　　　　　　D. 最合适的不是你。

8. スキットの音声に基づいて空欄を簡体字で埋め、意味を確認しなさい。

① 女1：不 ＿＿＿＿＿ 吕婷 愿意 不 愿意 ＿＿＿＿＿ 会长。
　　　　我 先 去 问 ＿＿＿＿＿ 吧。

② 女2：嗯，你 负责 这 ＿＿＿＿＿ 事儿。
　　　　吕婷 会长，张力 副会长，
　　　　这 个 组合 也 ＿＿＿＿＿。
　　　　张力，你 可 别 再 ＿＿＿＿＿ 了 啊。

③ 张力：可是……

④ 女1：你 就 ＿＿＿ "可是" 了。
　　　　没有 ＿＿＿＿ 你 ＿＿＿ 合适 的 了。

⑤ 张力：＿＿＿＿了 你们 了。好 ＿＿＿＿＿。

⑥ 女1、女2：＿＿＿＿＿ 好 了！

★まとめドリル

1 スキット(3)(4)の内容に基づいて、次の文章の空欄を簡体字で埋め、音読しなさい。

　　　又 到了 漫画 研究会 (1)＿＿＿＿ 新 一 任 会长 的 时候 了。张力 特别 (2)＿＿＿＿，在 同学 中 也有 (3)＿＿＿＿。开始 的 时候，我 觉得 会长 非 张 力 (4)＿＿＿＿。可是 张力 (5)＿＿＿＿ 了。他 推举 (6)＿＿＿＿ 漫画 的 吕婷 (7)＿＿＿＿ 会长，他 (8)＿＿＿＿ 副会长。这 是 一 个 (9)＿＿＿＿ 的 组合。

2 下線部をほかの語句に置き換えて、ペアで会話練習をしなさい。

（1）A：又 到了 咱们 漫画 研究会 推举 新 一 任 会长 的 时候 了。

B：张力 怎么样？我 看 挺 合适。

（2）A：不 知道 吕婷 愿意 不 愿意 当 会长。

我 先 去 问 一下 吧。

B：嗯，你 负责 这 件 事儿。

語群（意味を辞書などで調べなさい）

店	班	学校	社团	俱乐部
diàn	bān	xuéxiào	shètuán	jùlèbù
主任	班长	学生会主席	团长	部长
zhǔrèn	bānzhǎng	xuéshēnghuì zhǔxí	tuánzhǎng	bùzhǎng

第9課

セクション1

★到達目標

| □ 丁寧にお願いするときの表現を身につける。 |
| □ 相手に待たせたことに対してお詫びの気持ちを表すことができる。 |
| □ 人やモノの移動（様態・経路など）を表現できる。 |

スキット(1)　宅配便が届く　　（場面：中国の留学生寮。部屋のインターフォンが鳴る。

🎧172　　　　　　　　　　　　　　　男：日本人留学生［柳太一　Liǔ Tài yī］、女：配達員）

🎧170
1. 音声が聞こえた順に［　］に番号を書きなさい。音声が流れなかったものには×をつけなさい。

[　]〜から　　　　　　[　]サインして受け取る　　　　[　]郵便で送る

[　]ネット　　　　　　[　]どちら様　　　　　　　　　[　]神戸

[　]買い物をする　　　[　]速達小包

🎧171
2. 音声に基づいて、下線部にピンインを書き入れなさい。

① Nín shì _____ _____?

② Yǒu nǐ de yí ge _____, qǐng nǐ _____.

③ Wǒ zuìjìn méi zài _____ mǎi _____ ya.

④ Shì _____ Rìběn Shénhù gěi nǐ _____ de.

⑤ Wǒ zhīdao shì _____ _____ _____ le.

🎧172
3. スキットの内容と合っていれば○、間違っていれば×を入れなさい。

①［　］女性は柳さんの隣に住んでいる。

②［　］柳さんはインターネットで買い物をしたことがない。

③［　］柳さん宛に神戸からの小包がある。

④［　］柳さんは神戸からの小包について心当たりがない。

4. スキットの音声に基づいて、空欄を簡体字で埋め、意味を確認しなさい。

① 柳： ＿＿＿＿＿＿＿。

② 女： ＿＿＿＿＿＿＿ 柳 太一 吗?

③ 柳： 对。您 是 ＿＿＿＿＿＿＿?

④ 女： 我 是 "熊猫 快递" 的。

　　　有 你 的 一 个 ＿＿＿＿＿＿＿，请 你 ＿＿＿＿＿＿＿。

⑤ 柳： 不 是 吧，我 最近 没 在 ＿＿＿＿＿＿＿ 买 东西 呀。

⑥ 女： 是 ＿＿＿＿＿＿＿ 日本 神户 给 你 ＿＿＿＿＿＿＿ 的。

⑦ 柳： 哦，我 知道 是 ＿＿＿＿＿＿＿ 回 事儿 了。

スキット(2) 速達小包 　（場面: 中国の留学生寮　男: 日本人留学生［柳太一］、女: 配達員）

🎧175

🎧173

5. 音声が聞こえた順に ［ ］に番号を書きなさい。音声が流れなかったものには×をつけなさい。

［　］降りてくる　　［　］階　　　　［　］受付、フロント

［　］大丈夫。　　　［　］気をつける　［　］規定する　　　　［　］学校

［　］重い　　　　　［　］すぐに　　　［　］苦労をかける

🎧174

6. 音声に基づいて、下線部にピンインを書き入れなさい。

① Xuéxiào ＿＿＿＿＿＿＿ kuàidì bù ＿＿＿＿＿＿＿ shàng lóu.

② ＿＿＿＿＿＿＿ nǐ ＿＿＿＿＿＿＿ děng le.

③ ＿＿＿＿＿＿＿ yíxià, ＿＿＿＿＿＿＿ cuòr ba?

④ Qǐng zài zhèr ＿＿＿＿＿＿＿.

⑤ Dōngxi ＿＿＿＿＿＿＿ chén, náhuiqu de ＿＿＿＿＿＿＿ xiǎoxīn ＿＿＿＿＿＿＿.

🎧175

7. スキットの内容と合っているものを選びなさい。

① 速達小包を部屋まで配達しない理由はどれですか。

A. 必要な別料金を支払っていないため

B. 配送会社の独自のルールで定められているため

C. 発送元の要望であるため

D. 学校の独自のルールで定められているため

② 配達員はどこで柳さんを待っていますか。

    A. 建物の入り口   B. 建物1階の受付

    C. 学校の入り口   D. 教室棟の入り口

③ 速達小包を受け取るために必要なのはどれですか。

    A. 捺印   B. サイン

    C. 身分証明書の提示   D. お問い合わせ番号の提示

④ 配達されてきた速達小包について、正しい叙述はどれですか。

    A. 速達小包には割れ物が入っている。

    B. 速達小包には傷がついている。

    C. 速達小包は重たい。

    D. 速達小包は大きい。

🎧175

8. スキットの音声に基づいて空欄を簡体字で埋め、意味を確認しなさい。

① 女：学校 ＿＿＿＿ 快递 不 能 ＿＿＿＿，

       我 在 一 楼 前台 ＿＿＿＿ 你。 你 下来 ＿＿ 一下 吧。

② 柳：好 的，我 马上 ＿＿＿＿。

       ……我 ＿＿ 是 柳 太一。不 好意思，让 你 ＿＿＿＿ 了。

③ 女：没 事儿。你 的 快递，看 一下，没 ＿＿＿＿ 吧？

④ 柳：对，＿＿＿＿ 你 了。

⑤ 女：不 客气。请 在 这儿 ＿＿＿＿。

⑥ 柳：……＿＿＿＿ 了。

⑦ 女：谢谢。东西 ＿＿＿＿ 沉，拿＿＿＿＿ 的 时候 小心 一点儿。

★まとめドリル

1 スキット⑴⑵の内容に基づいて、次の文章の空欄を簡体字で埋め、音読しなさい。

    今天 有 一 个 我 的 快递，是 ⑴＿＿＿＿ 神户 寄来 的。送* 快递 来 的 是 ⑵＿＿＿＿ 快递 的 人。学校 ⑶＿＿＿＿ 快递员** 不 ⑷＿＿＿＿ 上 楼，我 只好*** 到 一 楼 ⑸＿＿＿＿ 去 ⑹＿＿＿＿。东西 有点儿 ⑺＿＿＿＿，快递员 说 ⑻＿＿＿＿ 的 时候 要 小心 ⑼＿＿＿＿。

  *送 sòng 配達する   **快递员 kuàidìyuán 配達員

***只好 zhǐhǎo 〜するしかない

★到達目標

> □ とるべき行動を"得"を用いて伝えられる。
> □ 強い感謝の気持ちを表すことができる。
> □ 安堵した気持ちを伝えられる。

スキット(3) 迷子(1) （場面: 中国のショッピングモール）

🎧178

🎧176

1. 音声が聞こえた順に ［ ］ に番号を書きなさい。音声が流れなかったものには×をつけなさい。

［ ］保護者　　　　　 ［ ］サービスセンター　　　　　 ［ ］子ども

［ ］はぐれる　　　 ［ ］泣く　　 ［ ］受け持つ　　　　 ［ ］恐らく

［ ］気をもむ　　　 ［ ］尋ね人　　 ［ ］ショッピングモール

🎧177

2. 音声に基づいて、下線部にピンインを書き入れなさい。

① _____ shì gēn jiāzhǎng _____ le ba.

② Háizi de jiāzhǎng _____ _____ zháojí a.

③ Gēn shéi _____ lái _____?

④ Nǎinai _____ le.

⑤ _____ tāmen _____ yì zé xúnrén _____ ba.

🎧178

3. スキットの内容と合っていれば○、間違っていれば×を ［ ］ に入れなさい。

① ［ ］迷子の子どもが泣いている。

② ［ ］迷子の子どもはお母さんとはぐれた。

③ ［ ］迷子の子どもは5歳である。

④ ［ ］この出来事はショッピングモールで起こっている。

4. スキットの音声に基づいて、空欄を簡体字で埋め、意味を確認しなさい。

① 女1：那 个 孩子 _____ 一 个 人 在 那儿 ____ 呢？

② 女2：大概 是 _____ 家长 ____散 了 吧。

③ 女1：哎呀，那 孩子 的 家长 该 _____ 着急 啊。

　　　　咱们 _____ 管。

　　　　……

④ 女1：小朋友 不 哭。____ 姐姐，跟 谁 _____ 来 的？

⑤ 儿童：奶奶。奶奶 _____ 了。

⑥ 女2：奶奶 什么 _____ 不见 的 呀？

⑦ 儿童：不 _____。

⑧ 女1：小朋友 叫 什么 _____？ _____ 了？

⑨ 儿童：圆圆。_____ 岁。

⑩ 女2：_____ 是 商场 服务 中心。

　　　　_____ 他们 播 一 则 寻人 启事 _____。

スキット(4) 迷子(2) （場面：中国のショッピングモール）

5. 音声が聞こえた順に ［ ］ に番号を書きなさい。音声が流れなかったものには×をつけなさい。

［ ］取り戻す　　　　［ ］つらい思いをする　　　　［ ］もし～ならば

［ ］お礼には及ばない　　　［ ］娘さん　　　　　　［ ］放送する

［ ］お姉さん

6. 音声に基づいて、下線部にピンインを書き入れなさい。

① Dōu shì _____ bù hǎo, ràng Yuányuan shòu _____ le.

② Yào _____ xiè nǐmen _____ ne.

③ Yuányuan néng _____ jiāzhǎng, wǒmen yě _____ le.

7. スキットの内容と合っているものを選びなさい。

① サービスセンターはショッピングモールの何階にありますか。
   A. 1階　　　　　B. 2階　　　　　C. 3階　　　　　D. 4階

② 迷子の子どもは誰とショッピングモールに来たのですか。
   A. お姉さん　　　B. お兄さん　　　C. おじいさん　　　D. おばあさん

③ 迷子の子どもを保護した女性の年齢層に一番近いのはどれですか。
   A. 20代　　　　　B. 40代　　　　　C. 60代　　　　　D. 判断できない

8. スキットの音声に基づいて空欄を簡体字で埋め、意味を確認しなさい。

① （商场 广播）现在 广播 寻 人。
   有 一 个 名 叫 圆圆 的 四 岁 _____，
   和 他 的 家长 _____ 了。请 圆圆 小朋友 的
   家长 _____ 到 商场 _____ 的 服务 中心 来。

② 女3：_____！

③ 女2：看，圆圆，那 是 _____ 吧？

④ 儿童：_____——！

⑤ 女3：圆圆！_____ 是 奶奶 不 好，_____ 圆圆 受 委屈 了。
   _____ 姑娘，太 谢谢 你们 了！_____ 没有 你们……
   要 _____ 谢 你们 好 呢……

⑥ 女1：_____ 谢。您 _____ 客气。
   圆圆 能 _____ 家长，我们 也 放心 了。

★まとめドリル

1 スキット(3)(4)の内容に基づいて、次の文章の空欄を簡体字で埋め、音読しなさい。

今天 圆圆 (1)_____ 奶奶 (2)_____ 去了 商场，两 个 人 不 小心 (3)_____ 了。多亏 圆圆 碰到*了 两 个 姐姐。她们 带** 圆圆 去了 商场 服务 中心，还 (4)_____ 服务 中心 的 人 (5)_____ 寻人 启事，帮助 圆圆 (6)_____ 了 奶奶。奶奶 不 (7)_____ 怎么 谢 两 个 姑娘 好，她们 说 (8)_____ 谢。

*碰到 pèngdào 出会う　　**带 dài 連れる

第 10 課

★到達目標

□ 非難めいた口調で、相手の行為の理由を尋ねることができる。

□ 「お腹がすいた」などの状況変化を伝えられる。

□ 「誰かに（何かを）持ち帰る」という表現が言える。

□ 重量と値段を正確に聞き取ったり、伝えたりすることができる。

スキット⑴ 小腹が空いた （男、女: 友人同士）

🎧184

🎧182

1. 音声が聞こえた順に［ ］に番号を書きなさい。音声が流れなかったものには×をつけなさい。

［ ］適当に　　　　　［ ］腹　　　　　［ ］豚肉　　　　　［ ］列に並ぶ

［ ］（お腹が）減っている　　　　　［ ］～で　　　　　［ ］店主

［ ］食べ終わる　　　［ ］味　　　　　［ ］特色

🎧183

2. 音声に基づいて、下線部にピンインを書き入れなさい。

① Zěnme yòu _____ le?

② Zánmen zài _____ zhǎo ge diàn, zài _____ chī diǎnr.

③ Lǐmiàn yě shì _____ xiànr.

④ Nà jiā diàn de _____ jiù shì Shànghǎirén.

⑤ Shàng ge xīngqī hái shàng _____ le.

⑥ Nà yídìng _____ .

⑦ Zánmen zhè jiù _____ ba.

⑧ Zhè jiā diàn de shēngjiānbāo _____ zhèngzōng.

⑨ Zhème _____ , shénme shíhou néng _____ zánmen, hái
zhēn shuōbuhǎo.

3. スキットの内容と合っていれば○、間違っていれば×を入れなさい。

① [　] 二人は何か少し食べることができるお店を探している。

② [　] 男性は学校の裏門の近くにある"生煎包"のお店に行ったことがある。

③ [　] "生煎包"は小籠包より少し大きくて、豚肉の具が入っている上海の軽食
である。

④ [　] 二人が店に着いたときには、並んでいる人はそう多くなかった。

4. スキットの音声に基づいて、空欄を簡体字で埋め、意味を確認しなさい。

① 男　　：肚子 ＿＿＿＿＿ 饿 了。

② 女1：＿＿＿＿＿ 又 饿 了？ 你 刚 ＿＿＿＿＿午饭 吧。

③ 男　　：今天 的 午饭 ＿＿ 不 多 啊。咱们 在 附近 ＿＿ 个 店，
再 随便 吃 ＿＿＿＿＿，怎么样？

④ 女1：也 ＿＿＿＿＿。学校 ＿＿＿＿＿ 有 一 家 生煎包 店，
我 去 吃过 一 次，＿＿＿＿＿ 好吃 的。

⑤ 男　　："生煎包" 是 ＿＿＿＿＿？

⑥ 女1：生煎包 是 上海 的 特色 ＿＿＿＿＿。
比 小笼包 大 ＿＿＿＿＿，里面 也 是 猪肉 馅儿，
用 油 煎。那 家 店 的 ＿＿＿＿＿ 就 是 上海人。
上 个 星期 还 上 ＿＿＿＿＿ 了。

⑦ 男　　：那 一定 错＿＿＿＿＿。咱们 这 就 走 吧。
哎呀，排队 的 人 可 真 不 少。＿＿＿＿ 过了 两 点 了。

⑧ 女1：这 家 店 的 生煎包 ＿＿＿＿＿ 正宗，
慕名而来 的 人 很 ＿＿＿＿＿。

⑨ 男　　：这么 排＿＿＿＿＿，什么 时候 能 ＿＿＿＿＿ 咱们，
还 真 ＿＿＿＿＿。

スキット⑵ そんなに食べるの？　（男、女1：友人同士、女2：販売員）

5. 音声が聞こえた順に［ 　］に番号を書きなさい。音声が流れなかったものには×をつけなさい。

［ 　］褒める　　［ 　］いらっしゃる　　　　　［ 　］考え　　　［ 　］携帯する
［ 　］長い　　［ 　］(重量単位)50グラム　　　［ 　］おつり　　［ 　］次回

🎧186

6. 音声に基づいて、下線部にピンインを書き入れなさい。

① Nín yào jǐ _____?

② Bàn _____ kě shì èrshí ge a.

③ Zánmen liǎng ge rén _____ ma?

④ Wǒ hái děi _____ sùshèli de tóngxué _____ jǐ ge ne.

⑤ Zhè ge _____ děi _____.

⑥ _____ qián?

⑦ Zhè shì _____, sìshí _____.

⑧ _____ xià cì guānglín.

🎧187

7. スキットの内容と合っているものを選びなさい。

① 一両は焼小籠包いくつですか。
   A. 4個   B. 2個   C. 10個   D. 6個

② 男性は焼小籠包をどのくらい欲しいと言いましたか。
   A. 12個   B. 20個   C. 22個   D. 24個

③ スキットの内容から判断して、焼小籠包は1斤（500グラム）いくらになりますか。
   A. 200元   B. 80元   C. 120元   D. 100元

🎧187

8. スキットの音声に基づいて空欄を簡体字で埋め、意味を確認しなさい。

① 女2：您 要 几 _____？

② 男 ：一 _____ 几 个？

③ 女2：四 个。

④ 男 ：那 我 要 _____。

⑤ 女1：_____ 可 是 二 十 个 啊。
         这么 多，咱们 两 个 人 吃_____ 吗？

⑥ 男 ：嗯，排了 这么 ___ 时间 的 队，我 比 ___ 更 饿 了。
         ____，我 还 得 给 宿舍里 的 同学 _____ 几 个 呢。

⑦ 女1：这 个 想法 得 _____。
         多少 钱？

⑧ 女2：十二 _____ 一 两，半 斤 就 是 _____ 块。

⑨ 男 ：好。_____ 块。

94

⑩　女2：这 是 ＿＿＿＿，四十 块，您 ＿＿＿＿。

　　　　　　　＿＿＿＿ 下 次 光临。

★まとめドリル

1　スキット⑴⑵の内容に基づいて、次の文章の空欄を簡体字で埋め、音読しなさい。

　　　今天 朋友 带 我 去了 学校 (1)＿＿＿＿ 的 一 家 生煎包 店。生煎包 是
上海 的 特色 (2)＿＿＿＿。那 家 店 老板 是 上海人，上 个 星期 还
(3)＿＿＿＿ 了 电视。我们 到 生煎包 店 的 时候 已经 (4)＿＿＿＿ 了 两
(5)＿＿＿＿ 了，(6)＿＿＿＿ 的 人 还 很 多。我 买了 半 (7)＿＿＿＿ 生煎包，
也 就 是 二十 个——这 里面 还 有 给 宿舍 (8)＿＿＿＿ 的。这些 生煎包
(9)＿＿＿＿ 块 钱。

2　下線部をほかの語句に置き換えて、ペアで会話練習をしなさい。

　（1）A：肚子 有点儿 饿 了。咱们 在 附近 找 个 店，再 随便 吃 点儿，
　　　　　怎么样？
　　　B：也 行。学校 后门 有 一 家 生煎包 店，我 去 吃过 一 次，挺 好
　　　　　吃 的。

　（2）A：多少 钱？
　　　B：十二 块 一 两，半 斤 就 是 六十 块。
　　　A：好。一百 块。
　　　B：这 是 找零，四十 块，您 收好。欢迎 下 次 光临。

┌───┐
│ **語群（意味を辞書などで調べなさい）**   │
│   │
│ 小吃店　　　　饺子馆　　　　煎饼店　　　　面食店　　　　烧卖店　　　　比萨店 │
│ xiǎochī diàn　jiǎoziguǎn　jiānbǐngdiàn　miànshídiàn　shāomàidiàn　bǐsàdiàn │
└───┘

セクション2

★到達目標

☐ 博物館にはどのようなものがあるのかを尋ねることができる。
☐ その行為にいたる理由や手段を尋ねることができる。
☐ モノの重さを尋ねたり、答えたりすることができる。

スキット⑶ 造幣局博物館の見学⑴　（男、女: 大阪在住の中国人留学生）

🎧190

🎧188

1. 音声が聞こえた順に〔　〕に番号を書きなさい。音声が流れなかったものには×をつけなさい。

〔　〕見学する　　　〔　〕歴史　　　〔　〕面白い　　　〔　〕目に入る

〔　〕欠くことができない　　　　〔　〕造幣局　　　〔　〕展示品

〔　〕博物館　　　〔　〕ドキュメンタリー　　　〔　〕収穫

🎧189

2. 音声に基づいて、下線部にピンインを書き入れなさい。

① Tīngshuō nǐ qián jǐ tiān qù _____ bówùguǎn _____ le?

② Tǐng yǒu _____ de.

③ Wǒ zuìjìn kànle yí _____ jièshào _____ lìshǐ de jìlùpiàn, tèbié _____.

④ Bówùguǎnli yǒu _____ shénme _____?

⑤ Zhōngguó, Rìběn zhèxiē _____ gègè shíqī de huòbì dāngrán _____.

⑥ Wǒ hái kàndàole yī jiǔ liù sì nián Dōngjīng Àoyùnhuì de _____, bié tí duō _____ le!

🎧190

3. スキットの内容と合っていれば○、間違っていれば×を〔　〕に入れなさい。

① 〔　〕今、二人は造幣局博物館を見学している。

② 〔　〕女性は貨幣の歴史に関するドキュメンタリーを見て、貨幣に興味を持った。

③ 〔　〕博物館には中国や日本の各時代の貨幣が展示されている。

④ 〔　〕2020年東京オリンピックのメダルが展示されている。

4. スキットの音声に基づいて、空欄を簡体字で埋め、意味を確認しなさい。

① 男：＿＿＿＿＿ 你 前 几 天 去 造币局 博物馆 ＿＿＿＿＿ 了？

② 女：是 啊，＿＿＿＿＿ 有 收获 的。

③ 男：你 怎么 ＿＿＿＿＿ 要 去 造币局 博物馆 的 呢？

④ 女：我 最近 看了 一 ＿＿＿＿＿ 介绍 货币 历史 的 纪录片， 特别 有意思。

⑤ 男：博物馆里 有 些 什么 ＿＿＿＿＿？都 是 货币 吗？

⑥ 女：中国、日本 这些 ＿＿＿＿＿ 各个 时期 的 货币 当然 ＿＿＿＿＿＿＿。

我 还 看到了 ＿＿＿＿＿＿ 年 东京 奥运会 的 奖牌，

别提 ＿＿＿＿＿ 漂亮 了！

スキット(4) 造幣局博物館の見学(2) （男、女: 大阪在住の中国人留学生）

5. 音声が聞こえた順に［ ］に番号を書きなさい。音声が流れなかったものには×をつけなさい。

[ ] コイン　　　　[ ] 重い　　　　[ ] メダル　　　　[ ] 推測する

[ ] キログラム　　[ ] 持つ　　　　[ ] きれいだ

[ ] 日本円　　　　[ ] ちょうど　　[ ] 知識

6. 音声に基づいて、下線部にピンインを書き入れなさい。

① Yìngbì zhǐbì ＿＿＿＿＿ wǒmen tiāntiān yòng, ＿＿＿＿＿
lǐmiàn ＿＿＿＿＿ bù shǎo ne.

② ＿＿＿＿＿ zàobìjú sòngdào Rìběn yínháng de yí ＿＿＿＿＿
wǔbǎi Rìyuán yìngbì yǒu duō ＿＿＿＿＿, nǐ zhīdao ma?

③ Wǒ ＿＿＿＿＿＿.

④ Yí dài yǒu liǎngqiān ＿＿＿＿＿, zhěngzhěng shísì ＿＿＿＿＿ ne.

⑤ Bówùguǎn yǒu ＿＿＿＿＿.

⑥ Wǒ yì ＿＿＿＿＿ shǒu tíbuqǐlái.

🎧193

7. スキットの内容と合っているものを選びなさい。

① 造幣局から日本銀行に送付される 500 円硬貨 1 袋には何枚入っていますか。

　　A. 200 枚　　　　B. 2000 枚　　　　　　C. 1000 枚　　　　D. 20000 枚

② ①の 1 袋はどれくらいの重さがありますか。

　　A. 14 キログラム　　　　　　　B. 15 キログラム

　　C. 40 キログラム　　　　　　　D. 10 キログラム

③ ②の内容を女性はどのように知りましたか。

　　A. 実際に家で試してみた。

　　B. 博物館の体験ゾーンで試してみた。

　　C. 500 円玉 1 枚の重さを調べて計算した。

　　D. 言及なし

🎧193

8. スキットの音声に基づいて空欄を簡体字で埋め、意味を確認しなさい。

① 男：硬币 纸币 _____ 我们 天天 用，
　　　　其实 _____ 学问 不 少 呢。

② 女：对了，_____ 造币局 送_____ 日本 银行 的
　　　　一 袋 五百 _____ 硬币 有 _____ 重，你 _____ 吗？

③ 男：_____ 重？十 公斤？我 猜不_____。

④ 女：一 袋 有 两千 枚，整整 _____ 公斤 呢。

⑤ 男：你 _____ 知道 的？

⑥ 女：博物馆 有 体验区。我 一 _____ 手 提不_____。

★まとめドリル

1　スキット(3)(4)の内容に基づいて、次の文章の空欄を簡体字で埋め、音読しなさい。

　　我 前 几 天 去 参观了 造币局 博物馆。那里 有 很 多 国家 各个
(1)_____ 的 货币，还 有 上 一 次 东京 奥运会 的 (2)_____，非常
(3)_____。硬币 纸币 (4)_____ 人们 天天 用，其实 里面 (5)_____ 不 少。
在 博物馆 的 体验区，我 知道了 一 袋 五百 (6)_____ 的 硬币 有
(7)_____ 十四 (8)_____ 重，我 一 只 手 提不(9)_____。

2 下線部をほかの語句に置き換えて、ペアで会話練習をしなさい。

（1）A：听说 你 前 几 天 去 造币局 博物馆 参观 了？

B：是 啊，挺 有 收获 的。

A：你 怎么 想到 要 去 造币局 博物馆 的 呢？

B：我 最近 看了 一 部 介绍 货币 历史 的 纪录片，特别 有 意思。

（2）A：一 袋 五百 日元 硬币 有 多 重？

B：一 袋 有 两千 枚，整整 十四 公斤。

語群（意味を辞書などで調べなさい）

国立国际美术馆　　　　大阪城　　　　　　　　国立科学博物馆
Guólì Guójì Měishùguǎn　Dàbǎnchéng　　　　　Guólì Kēxué Bówùguǎn

铁道博物馆　　　　　　陶艺展览会
tiědào bówùguǎn　　　táoyì zhǎnlǎnhuì

第11課

セクション1

★到達目標

□ 動作の描写や評価を"得"を使って言うことができる。

□ 視覚的な根拠に基づいて推測していることを伝えられる。

□ 計画の変更・中止を提案することができる。

スキット(1)　外食はやめよう　（小婷、丽丽）

🎧196

🎧194

1. 音声が聞こえた順に ［ ］ に番号を書きなさい。音声が流れなかったものには×をつけなさい。

［　］出かける　　　［　］止む　　　［　］景色　　　［　］見たところ

［　］しばらく　　　［　］入る　　　［　］冷蔵庫　　［　］山の上レストラン

🎧195

2. 音声に基づいて、下線部にピンインを書き入れなさい。

①　　_____ yǔ le.

②　Kàn _____, yì shí bàn huǐr _____.

③　Zhè cháng yǔ xiàde _____ bú shì _____ a.

④　Zánmen bié _____ le.

🎧196

3. スキットの内容と合っていれば○、間違っていれば×を入れなさい。

①［　］雨很快会停。

②［　］她们本来打算在山下的餐厅吃饭。

③［　］下雨让她们很高兴。

④［　］雨下得很大，看不到山上的景色。

4. スキットの音声に基づいて、空欄を簡体字で埋め、意味を確認しなさい。

① 小婷： 哎呀，_____ 了。

② 丽丽： 下得 还 _____ 呢。看 样子，一 时 半 会儿 _____。

③ 小婷： 那 _____，咱们 还 进 山 去 山顶 餐厅 _____ 吗?

④ 丽丽： 唉，雨 _____ 大，_____ 山上 的 景色 了。

⑤ 小婷： 这 场 雨 下得 真 _____ 啊。

咱们 别 _____ 了，在 _____ 吃 吧。

⑥ 丽丽： 也 好。吃 什么 呢? _____里 有 什么?

スキット(2) あとスープもあったら完璧だ （小婷、丽丽）

5. 音声が聞こえた順に ［ ］ に番号を書きなさい。音声が流れなかったものには×をつけなさい。

［ ］〜種類（料理を数える）　　　［ ］豆腐　　　　［ ］家庭料理
［ ］ずっと前から　［ ］スープ　　［ ］トマト
［ ］口に合う　　　［ ］完璧だ　　［ ］卵　　　　［ ］得意だ

6. 音声に基づいて、下線部にピンインを書き入れなさい。

① Zhènghǎo néng zuò liǎng _____ Zhōngguó de jiāchángcài _____ nǐ chī.

② Bù zhīdào _____ bu _____ nǐ de _____.

③ Zǎojiù _____ nǐ zuò _____ zuòde hǎo.

④ _____ yǒu ge tāng _____ wánměi le.

⑤ Mǐfàn yě _____ nǐ le.

7. スキットの内容と合っているものを選びなさい。

① 冰箱里没有什么?
A. 小葱　　　　B. 卷心菜　　　　C. 猪肉　　　　D. 米饭

② 小婷拿手的哪个菜?
A. 西红柿炒鸡蛋　　B. 回锅肉　　　C. 翡翠白玉羹　　　D. 豆腐

③　下面哪个说法不对？

　　A. 西红柿炒鸡蛋和回锅肉是中国的家常菜。

　　B. 她们打算吃米饭。

　　C. 做翡翠白玉羹要用韭菜和豆腐。

　　D. 丽丽的菜都是瞎做的。

🎧199

8. スキットの音声に基づいて空欄を簡体字で埋め、意味を確認しなさい。

①　女1：嗯，有 _____、豆腐、小葱、西红柿、韭菜、

　　　　　卷心菜……猪肉 也 有 _____。

②　丽丽：是 吗。

　　　　　那 _____ 能 做 两 _____ 中国 的 家常菜 _____ 你 吃。

　　　　　西红柿 炒 鸡蛋 和 回锅肉，

　　　　　不 知道 合 不 合 你 的 _____。

③　女1：好哇！丽丽，早就 _____ 你 做 菜 做____ 好。

④　丽丽：我 也 是 瞎做。

　　　　　对了，小婷，_____ 有 个 汤 就 _____ 了。

⑤　女1：那 我 _____ 你 做 _____ 翡翠 白玉 羹 吧。

　　　　　这个 我 _____。

⑥　丽丽：翡翠 白玉 _____？

⑦　女1：嗯，翡翠 就 是 _____，白玉 就 是 _____。

⑧　丽丽：不错 不错。_____ 也 交_____ 你 了。

★まとめドリル

1　スキット(1)(2)の内容に基づいて、次の文章の空欄を簡体字で埋め、音読しなさい。

　　下 雨 了，我 和 丽丽 只好 不 (1)_____ 了，在 家 吃饭。(2)_____里
有 不 少 东西，正好 能 做 几 (3)_____ 中国 的 家常菜。丽丽 做 了
(4)_____ 炒 鸡蛋 和 回锅肉。我 (5)_____ 听说 她 做 菜 (6)_____ 很
好。丽丽 说 最好* 还 有 一 个 (7)_____，我 就 用 韭菜 和 豆腐 做 了 一
道 翡翠 白玉 (8)_____。

*最好 zuìhǎo …ほうがいい

102

セクション2

★到達目標

□ 簡単な操作手順を伝えられる。
□ 相手に行動を促すことができる。

スキット⑶ 一口サイズに切って （小婷、丽丽）

🎧202

🎧200

1. 音声が聞こえた順に［ ］に番号を書きなさい。音声が流れなかったものには×をつけなさい。

［ ］塊　　　［ ］生臭い　　　［ ］加える　　　［ ］大丈夫だ
［ ］切る　　［ ］塩　　　　　［ ］用意する　　［ ］火にかけて熱する

🎧201

2. 音声に基づいて、下線部にピンインを書き入れなさい。

① Wǒ xiǎng _____ nǐ xué zuò xīhóngshì _____ jīdàn.

② Nǐ _____ cōnghuār de shíhou, wǒ _____ jīdàn dǎsǎn.

③ Qiē_____ _____ dà de kuàir ne?

④ Bié _____ tài duō.

⑤ Hújiāofěn yě _____ jiā _____.

🎧202

3. スキットの内容と合っていれば〇、間違っていれば×を［ ］に入れなさい。

① ［ ］小婷一个人做西红柿炒鸡蛋。
② ［ ］西红柿要切成能一口吃下的块儿。
③ ［ ］做西红柿炒鸡蛋，油可以多倒一点儿。
④ ［ ］鸡蛋液里不能加盐。
⑤ ［ ］胡椒粉能去腥。

🎧202

4. スキットの音声に基づいて、空欄を簡体字で埋め、意味を確認しなさい。

① 小婷：丽丽，我 想 _____ 你 _____ 做 西红柿 炒 鸡蛋。

② 丽丽：行 啊，小婷，咱们 _____ 做 吧。你 先 ___ 葱花儿。

③ 小婷：没 _____。

103

④ 丽丽： 你 切 葱花儿 的 时候，我 _____ 鸡蛋 打散，
再 _____ 这 几 个 西红柿 切_____ 块儿。

⑤ 小婷： 切成 _____ 的 块儿 呢？

⑥ 丽丽： 这 个 没有 具体 的 规定……
一 _____ 能 吃_____ 就 行 吧。

⑦ 小婷： 葱花 切好 了。我 把 炒锅 也 _____ 一下 吧。

⑧ 丽丽： 好 的。_____ 把 炒锅 烧热，_____ 倒油，
多 _____ 也 没 关系。

⑨ 小婷： 打好 的 鸡蛋液里 _____ 加 盐 吗？

⑩ 丽丽： 要 加，不过 别 放_____ 太 多。
胡椒粉 也 可以 加 _____，去 腥。

スキット⑷ 写真を撮らせて （小婷、丽丽）

🎧205

🎧203
5. 音声が聞こえた順に ［ ］ に番号を書きなさい。音声が流れなかったものには×をつけなさい。

［ ］熱い　　　　［ ］香りが良い　　　　［ ］（容器に）いれる
［ ］はねる　　　［ ］（大きな）皿　　　［ ］固まる　　　　　［ ］美しい
［ ］撮る　　　　［ ］色　　　　　　　　［ ］急いで

🎧204
6. 音声に基づいて、下線部にピンインを書き入れなさい。

① Shāo_____　　qī _____ rè, _____ xīhóngshì.

② Xiǎoxīn yóu _____chulai.

③ _____ _____ rè chī ba.

④ Wǒ xiān pāi zhāng _____, yíhuìr _____ wǒ péngyou kàn.

🎧205
7. スキットの内容と合っているものを選びなさい。

① 做西红柿炒鸡蛋的时候，以下哪个要先放进锅里？
A. 西红柿　　　B. 鸡蛋液　　　C. 鸡精　　　　　D. 葱花儿

② 炒西红柿的时候要小心什么？
A. 油放得太多　　　　　　　　B. 西红柿放得太多
C. 油溅出来　　　　　　　　　D. 炒出西红柿汁来

③　小婷要拍照片发给谁看？
　　A. 同学　　　　　B. 父母　　　　　C. 朋友　　　　　D. 室友

④　以下西红柿炒鸡蛋的说法，哪个不对？
　　A. 在油七成热的时候下鸡蛋液。　　B. 鸡蛋要下两次锅。
　　C. 葱花儿最后撒上。　　　　　　　　D. 西红柿炒鸡蛋要趁热吃。

🎧205

8. スキットの音声に基づいて空欄を簡体字で埋め、意味を確認しなさい。

①　小婷：丽丽，锅 烧_____ 了。下 鸡蛋液 吗？

②　丽丽：对，把 鸡蛋液 炒到 _____ 凝固 以后，装到 盘子里。

③　小婷：接_____ 得 炒 西红柿 了 吧。

④　丽丽：没 错儿。锅里 补 _____ 油，烧到 _____ 热，
　　　　　下 西红柿。_____ 油 溅出来。

⑤　小婷：嗯。_____出 西红柿汁 来 了。

⑥　丽丽：这 个 时候
　　　　　就 _____ 把 刚才 的 鸡蛋 放_____ 一起 炒 了。
　　　　　加 一点儿 盐 和 鸡精，翻 _____，____ 撒上 葱花儿，
　　　　　就 _____ 出锅 了。

⑦　小婷：哇，_____ 香 啊！_____ 也 好看！

⑧　丽丽：赶紧 _____ 热 吃 吧，小婷！

⑨　小婷：且慢！我 先 拍张 ____，一会儿 ___给 我 朋友 看。

★まとめドリル

1　スキット(3)(4)の内容に基づいて、次の文章の空欄を簡体字で埋め、音読しなさい。

　　　西红柿 炒 鸡蛋 这样 做：把 鸡蛋 打(1)_____，把 小葱 切(2)_____ 葱
花，把 西红柿 切成 一 口 能 (3)_____ 的 块儿。鸡蛋液里 可以 放 一点儿
盐，还 可以 放 一点儿 胡椒粉 去 (4)_____。把 炒锅 烧热 以后 (5)_____
油，可以 多 一点儿，然后 下 鸡蛋液，炒(6)_____ 基本 凝固，装到 (7)_____
里。然后 锅里 补 一 点儿 油，烧到 七 (8)_____ 热，下 西红柿。炒出 西
红柿汁 来 的 时候，把 鸡蛋 放(9)_____ 一起 炒。最后 加 一点儿 盐 和 鸡
精，(10)_____上 葱花，就 做好 了。

第12課

★到達目標

□「なんて〜だろう」という感嘆表現がいえる。
□「〜だと思う、感じる」という感覚を伝えることができる。
□ 自分がよいと思っている食べ物を相手に勧めることができる。
□ 試しにやってみるかどうかを尋ねることができる。
□ 料理の注文ができる。
□ 考えを巡らせた後の提案（やはり〜しよう）ができる。

スキット(1) 山の上のレストランにて(1)　　　　　　　　　　　　　（小婷、丽丽）

🎧208

🎧206

1. 音声が聞こえた順に [ ] に番号を書きなさい。音声が流れなかったものには×をつけなさい。

[ ] キノコ　　[ ] 美しい　　[ ] 味わう　　[ ] 試す
[ ] おすすめの料理　　　　[ ] 怖い　　[ ] 紅葉
[ ] もともと　[ ] 考える　[ ] 思い切って〜する

🎧207

2. 音声に基づいて、下線部にピンインを書き入れなさい。

① Zánmen _____ láidào Shāndǐng Cāntīng le.

② Měide _____ huàr _____.

③ Zhèr de _____ dōu yǒu shénme ne?

④ Zhè jiā diàn _____ shānzhēn.

⑤ Mógū hé yěcài de _____ tiānfùluó bù néng bù _____.

⑥ Hái yǒu nǎizhī dùn niúwā, yě shì biéde dìfang _____ de.

⑦ _____ nǎizhī dùn cài yǐhòu, _____ yuánlái de _____.

⑧ Nǐ _____ bu gǎn shìshi?

3. スキットの内容と合っていれば〇、間違っていれば×を入れなさい。

① ［ 　］她们想在吃饭以前散散步。

② ［ 　］山珍是山顶餐厅的推荐菜。

③ ［ 　］她们在别的地方吃过奶汁炖牛蛙。

④ ［ 　］牛蛙做成奶汁炖菜以后看不出原来的样子。

4. スキットの音声に基づいて、空欄を簡体字で埋め、意味を確認しなさい。

① 小婷： 好 事 多 磨，咱们 ＿＿＿＿＿＿ 来到 山顶 餐厅 了。

② 丽丽： 是 啊。你 看，这边儿 的 红叶 ＿＿＿＿＿＿＿＿＿ 啊。

③ 小婷： 真的！美得 ＿＿＿＿＿＿ 画儿 ＿＿＿＿＿＿。
　　　　 吃完 饭 以后 一定 要 好好儿 ＿＿＿＿＿＿。

④ 丽丽： 那 ＿＿＿＿＿＿。不过 还是 ＿＿＿＿＿＿ 想想 吃 什么 吧。

⑤ 小婷： 这儿 的 推荐菜 ＿＿＿＿＿＿ 有 什么 呢？

⑥ 丽丽： 这 ＿＿＿＿＿＿ 店 主打 山珍。
　　　　 蘑菇 和 野菜 的 什锦 天妇罗 ＿＿＿＿＿＿＿＿＿＿＿ 尝。
　　　　 还 有 奶汁 炖 牛蛙，也 是 ＿＿＿＿＿ 地方 吃不到 的。

⑦ 小婷： 我 还 没 吃过 牛蛙 呢。
　　　　 ＿＿＿＿＿ 想到 牛蛙 的 样子，＿＿＿＿＿ 觉得 有点儿 吓人。

⑧ 丽丽： 做成 奶汁 炖 菜 以后，＿＿＿＿＿＿ 原来 的 样子。
　　　　 你 ＿＿＿＿＿＿＿＿＿＿ 试试？

スキット⑵　山の上のレストランにて⑵　　　　　（男：レストランの従業員）

5. 音声が聞こえた順に ［ 　］ に番号を書きなさい。音声が流れなかったものには×をつけなさい。

［ 　］（料理を）出す　　　　　［ 　］従業員　　　　［ 　］繰り返す

［ 　］注文する　　　　　［ 　］ミニ　　　［ 　］めったに～しない

［ 　］思いがけず　　［ 　］～ポット（急須、ポットなどに入った液体を数える）

［ 　］好きだ

107

6. 音声に基づいて、下線部にピンインを書き入れなさい。

① ＿＿＿＿＿ lái yí cì.

② Wǒmen ＿＿＿＿＿ diǎn ＿＿＿＿＿ le ma?

③ Liǎng ＿＿＿＿＿ mínǐ yěcài qiáomàimiàn, zuìhòu ＿＿＿＿＿.

④ ＿＿＿＿＿ ＿＿＿＿＿ zhèr hái yǒu xiānfǔzhú cìshēn!

⑤ Zánmen yě ＿＿＿＿＿ yí ge.

⑥ Nǐ ＿＿＿＿＿ chī ＿＿＿＿＿, jiù ＿＿＿＿＿ diǎn yìxiē.

⑦ Nà wǒ ＿＿＿＿＿ ＿＿＿＿＿ le, diǎn yí ge ＿＿＿＿＿.

⑧ ＿＿＿＿＿ diǎn zhè xiē ba.

7. スキットの内容と合っているものを選びなさい。

① 她们没想到餐厅里有什么？
A. 鲜腐竹　　　B. 桂花　　　　C. 野菜　　　　D. 蘑菇

② 餐厅最后上哪个？
A. 鲜腐竹刺身　　　B. 奶汁炖牛蛙
C. 迷你野菜荞麦面　D. 蘑菇什锦天妇罗

③ 以下的说法，哪个对？
A. 她们没有点牛蛙。　B. 她们点了两份荞麦面。
C. 她们都不爱吃鲜腐竹。D. 她们不太客气。

8. スキットの音声に基づいて、空欄を簡体字で埋め、意味を確認しなさい。

① 小婷：＿＿＿＿＿ 来 一 次，又 是 别的 地方 吃＿＿＿＿＿ 的，
怎么 ＿＿＿＿＿ 不 尝尝 呢？
服务员，我们 ＿＿＿＿＿ 点 菜 了 吗？

② 男　：好 的，＿＿＿＿＿。请 点 菜。

③ 小婷：要 一 个 奶汁 炖 牛蛙，
＿＿＿＿＿ 来 一 个 蘑菇 什锦 天妇罗。

④ 丽丽：两 份儿 迷你 野菜 荞麦面，＿＿＿＿＿ 上。

⑤ 小婷：啊，＿＿＿＿＿ 这儿 还 有 鲜腐竹 刺身！
咱们 也 来 一 个，怎么样？

⑥ 丽丽：当然 没 问题。你 ＿＿＿＿＿ 吃 的 话，就 多 点 一些。

⑦ 小婷：那 我 不 ＿＿＿＿＿ 了，点 一 个 大份儿。
先 点 这些 吧。

⑧ 男　：好。我 ＿＿＿＿＿ 一下：

大份儿 鲜腐竹 刺身、蘑菇 什锦 天妇罗、

奶汁 炖 牛蛙，最后 上 两 ＿＿＿＿＿ 迷你 野菜 荞麦面。

二 位 喝 ＿＿＿＿＿ 什么 吗？

⑨ 丽丽：来 一 ＿＿＿＿＿ 桂花 乌龙茶。

★まとめドリル

1　この課のスキットの内容に基づいて、空欄を簡体字で埋め、音読しなさい。

我们 终于 来到了 (1)＿＿＿＿ 餐厅，吃到了 那里 主打 的 (2)＿＿＿＿，还
尝到了 别的 地方 (3)＿＿＿＿ 的 奶汁 炖 牛蛙。没 (4)＿＿＿＿ 那里 还 有 我
最 喜欢 的 鲜腐竹。我 (5)＿＿＿＿ 了 一 个 大(6)＿＿＿＿。餐厅 的 菜 好，附
近 的 景色 也 好。红叶 特 漂亮，(7)＿＿＿＿ 跟 画儿 一样。我们 吃完 饭 在
附近 好好儿 (8)＿＿＿＿ 了 散步。

2　下線部をほかの語句に置き換えて、ペアで会話練習をしなさい。

（1）A：这儿 的 推荐菜 都 有 什么 呢？

B：这 家 店 主打 山珍。
蘑菇 和 野菜 的 什锦 天妇罗 不 能 不 尝。

（2）A：请 点 菜。

B：要 一 个 奶汁 炖 牛蛙，再 来 一 个 蘑菇 什锦 天妇罗。
两 份儿 迷你 野菜 荞麦面，最后 上。

A：二 位 喝 点儿 什么 吗？

B：来 一 壶 桂花 乌龙茶。

語群（意味を辞書などで調べなさい）（第 2 課の語群も参照のこと）

海鲜	生鱼片	深海鱼	天妇罗	盖浇饭	羊肉料理	涮羊肉
Hǎixiān	shēngyúpiàn	shēnhǎiyú	tiānfùluó	gàijiāofàn	yángròu liàolǐ	shuàn yángròu

羊肉串	羊肉泡馍	烤鹿肉	驴肉火烧	米饭	面条	馒头
yángròuchuàn	yángròu pào mó	kǎolùròu	lǘròu huǒshāo	mǐfàn	miàntiáo	mántóu

菊花茶	龙井茶	普洱茶	茉莉花茶
júhuāchá	lóngjǐngchá	pǔ'ěrchá	mòlihuāchá

★到達目標

□ 相手に費用の支払い手段・方法を提案することができる。
□ ２つ以上の説や理由を順序よく説明することができる。
□ 「〜にとって（いえば）」と対象を限定して説明することができる。
□ 「〜しなくてよい」と必要性がないことを伝えられる。

スキット(3)　今日はわたしがご馳走します　（小婷、美和［Měihé］）

🎧214

🎧212
1. 音声が聞こえた順に［　］に番号を書きなさい。音声が流れなかったものには×をつけなさい。

[　] 対等である　　[　] 均等にする　　[　] すべての
[　] 〜から来る　　[　] 信頼できる　　[　] どうして
[　] だから　　　　[　] 〜と考える　　[　] 〜に基づいて
[　] 地位

🎧213
2. 音声に基づいて、下線部にピンインを書き入れなさい。

① Jīntiān zhè dùn fàn zánmen liǎ _____ AA zhì _____ ba.

② Jiù shì àn _____ píngtān suǒyǒu _____.

③ Yǒu hǎojǐ zhǒng _____.

④ AA _____ zuì gāo céng yǒu liǎng ge rén, tāmen _____ duìděng.

⑤ _____ qián de shíhou yě _____ píngtān.

⑥ _____ fèiyòng de bù yídìng shì liǎng ge rén a.

⑦ Hái yǒu yì zhǒng shuōfǎ, _____ AA zhè ge shuōfǎ _____
Yīngyǔ de "quánbù _____".

⑧ Zhè bǐ qián yì zhǒng shuōfǎ _____.

🎧214
3. スキットの内容と合っていれば○、間違っていれば×を［　］に入れなさい。

① [　] 两个人平摊所有费用叫 AA 制。

② [　] 为什么叫 AA 制，有好几种说法。

110

③ 　[　]　按 AA 制付钱的人地位最高。

④ 　[　]　美和觉得，AA 制不太可能来自英语的说法。

🎧214

4. スキットの音声に基づいて、空欄を簡体字で埋め、意味を確認しなさい。

① 　小婷：美和，今天 这 ＿＿＿＿ 饭 咱们 俩 ＿＿＿ AA 制 来 吧。

② 　美和：AA 制 是 什么 ＿＿＿＿＿＿？

③ 　小婷：就 是 按 ＿＿＿＿＿＿ 平摊 所有 费用。

④ 　美和：＿＿＿＿＿＿＿＿＿ 叫 "AA 制" 啊？

⑤ 　小婷：有 ＿＿＿＿＿＿ 种 说法。一 种 说法 说，

　　　　　AA 表示 ＿＿＿＿＿＿ 高 层 有 两 个 人，

　　　　　他们 地位 对等，＿＿＿ 付 钱 的 时候 也 ＿＿＿ 平摊。

⑥ 　美和：可是 平摊 费用 的 ＿＿＿＿＿＿＿ 是 两 个 人 啊。

⑦ 　小婷：是 啊。还 有 一 种 说法，

　　　　　认为 AA ＿＿＿＿＿＿ 说法 来自 英语 的 "全部 平均"

　　　　　——All Average——的 首 ＿＿＿＿＿＿。

⑧ 　美和：我 觉得 这 ＿＿＿＿＿＿ 前 一 种 ＿＿＿＿＿＿ 靠谱。

スキット⑷ AA 制 　（小婷、美和）

🎧217

🎧215

5. 音声が聞こえた順に [ ] に番号を書きなさい。音声が流れなかったものには×をつけなさい。

[　] いつも　　[　] 若者　　　[　] 交代でする　　[　] 集まる

[　] 普及している　　　[　] 出来上がる　　[　] 忙しい

[　] 支払う　　[　] 勘定を払う　　[　] 対処する

🎧216

6. 音声に基づいて、下線部にピンインを書き入れなさい。

① ＿＿＿＿＿＿ shuōhuilai, Zhōngguórén néng ＿＿＿＿＿＿ AA zhì ma?

② ＿＿＿＿＿＿＿＿ dāngzhōng AA zhì yǐjīng hěn ＿＿＿＿＿＿ le.

③ Yǐqián dàjiā jīngcháng ＿＿＿＿＿＿ chīfàn.

④ Měi cì de fèiyòng yě ＿＿＿＿＿＿ bú dà.

⑤ Zhè cì wǒ ＿＿＿＿＿＿, xià cì nǐ mǎidān, dàjiā ＿＿＿＿＿＿.

⑥ Nà _____ jiù shì biànxiàng AA zhì ba.

⑦ _____ dàjiā dōu _____, jùde méiyou yǐqián nàme _____ le,
biànxiàng AA zhì jiù _____buliǎo le ba.

🎧217

7. スキットの内容と合っているものを選びなさい。

① AA 制在哪些人中已经很普及了？
　　A. 中国人　　　　　B. 年轻人　　　　　C. 经常聚会吃饭的人　　　D. 买单的人

② 以下的说法，哪个不对？
　　A. 这次小婷不用买单。
　　B. 微信支付不用交接现钱。
　　C. 轮流买单是变相 AA 制。
　　D. 现在大家聚会聚得更勤。

③ 以下的说法，哪个对？
　　A. 中国人接受不了 AA 制。
　　B. 没有变相 AA 制应付不了的时候。
　　C. 美和这次不用现钱买单。
　　D. 用微信支付只需要几秒钟。

🎧217

8. スキットの音声に基づいて、空欄を簡体字で埋め、意味を確認しなさい。

① 美和： 话 说_____，中国人 _____ 接受 AA 制 吗？

② 小婷： 年轻人 当中 AA 制 _____ 很 普及 了。
　　以前 大家 _____ 聚会 吃饭，
　　每次 的 费用 也 相差 不 大，
　　这 次 我 买单，下 次 你 买单，_____ 轮流。

③ 美和： 那 _____ 就 是 变相 AA 制 吧。
　　但是 最近 大家 都 忙，聚得 _____ 以前 那么 勤 了，
　　变相 AA 制 就 应付_____ 了 吧。

④ 小婷： 对，所以 对 年轻人 来 说，其实 ____ 是 AA 制 了。
　　而且 现在 大家 都 _____ 微信 支付，
　　在 手机上 操作 _____，
　　_____ 交接 现钱，几 秒 钟 就 完成 AA 制 了。

⑤ 美和： 明白 了。微信 真是 太 _____ 用 了。
　　不过 小婷，今天 _____ 我 买单。
　　微信 AA 制，咱们 留到 _____。

112

★まとめドリル

1 スキット(3)(4)の内容に基づいて、次の文章の空欄を簡体字で埋め、音読しなさい。

　　　AA 制 是 聚会 吃饭 以后 (1)_____ 人数 (2)_____ 所有 费用 的 意思。为什么 叫 "AA 制"，有 好几 种 (3)_____。我 觉得 比较 (4)_____ 的 一 种 说法 是，它 (5)_____ 英语 的 "全部平均"——All Average——的 (6)_____。在 中国 年轻人 (7)_____，AA 制 已经 很 (8)_____ 了。而且 现在 大家 都 用 微信 (9)_____，不用 (10)_____ 现钱，更 多 的 人 开始 (11)_____ AA 制 了。

2 下線部をほかの語句に置き換えて、ペアで会話練習をしなさい。

A：今天 这 顿 饭 <u>咱们 俩 按 AA 制 来</u> 吧。
B：今天 还是 <u>我 买单</u>。

語群（意味を辞書などで調べなさい）

我请客
wǒ qǐngkè

第13課

セクション1

★到達目標

☐ 推測であることを伝えらえる。
☐ アドバイスを求めたり伝えたりできる。
☐ 旅立つ人へ祝福のことばを贈ることができる。

スキット⑴　電車故障のアナウンス⑴

🎧220　（場面: 日本。丽丽と张力がホームで電車を待っていると、電車の到着が遅れている旨の
アナウンスが流れる。）

🎧218
1．音声が聞こえた順に［　］に番号を書きなさい。音声が流れなかったものには×をつけなさい。

［　］方法　　　　　　　［　］聞いて理解する　　　［　］大阪

［　］ただ～だけ　　　　［　］電車　　　　　　　　［　］散らばる

［　］乗る、こぐ　　　　［　］事故が起きる

🎧219
2．音声に基づいて、下線部にピンインを書き入れなさい。

① _____li shuō shénme ya?

② Páiduì de rén dōu _____ le.

③ _____ chūle shénme shìr ba.

④ Wǒmen _____ zuò diànchē qù _____.

⑤ _____ dào _____ hái bù lái.

🎧220
3．スキットの内容と合っていれば○、間違っていれば×を入れなさい。

①　［　］丽丽他们要坐电车去大阪。

②　［　］广播里说了什么，丽丽都听懂了。

③　［　］丽丽想找人问一下哪里有会说汉语的人。

④　［　］等电车的人太多，丽丽他们上不去车。

4．スキットの音声に基づいて、空欄を簡体字で埋め、意味を確認しなさい。

① 张力： 丽丽，＿＿＿＿里 说 什么 呀？

② 丽丽： 我 也 没 ＿＿＿＿，

只 ＿＿＿＿ 「コショウ」 「テンケン」 ＿＿＿＿＿＿。

③ 张力： 看，＿＿＿＿ 的 人 都 散开 了。

④ 丽丽： ＿＿＿＿ 出了 什么 事儿 吧。咱们 ＿＿＿ 人 问 一下。

⑤ 张力： スミマセン…エット…

⑥ 站员： 您 二 位 是 ＿＿＿＿ 中国 来 的 吧。

我 会 说 ＿＿＿＿＿＿ 汉语。

有 可以 ＿＿＿＿ 你们 的 地方 吗？

⑦ 张力： 我们 要 ＿＿＿＿ 电车 去 大阪，

可是 电车 到 现在 还 不 来。

有 别的 去 大阪 的 ＿＿＿＿ 吗？

スキット(2)　電車故障のアナウンス(2)　（张力、丽丽、駅員）

5．音声が聞こえた順に ［　］ に番号を書きなさい。音声が流れなかったものには×をつけなさい。

［　］乗車する　　　［　］プラットフォーム　　　［　］乗車券

［　］バス　　　　　［　］運転手　　　　　　　　［　］不便　　　　　　　［　］駅

［　］もたらす　　　［　］道中が無事である　　　［　］行程

6．音声に基づいて、下線部にピンインを書き入れなさい。

① Hěn ＿＿＿＿＿ gěi èr wèi de xíngchéng ＿＿＿＿＿ búbiàn.

② Zhànwài ＿＿＿＿＿ yǒu qù Dàbǎn de ＿＿＿＿＿.

③ Xiànzài ＿＿＿＿＿zhe duì děng dàbā de rén ＿＿＿＿＿ bù shǎo.

④ Nǐmen ＿＿＿＿＿ mǎi dàbā de ＿＿＿＿＿.

⑤ ＿＿＿＿＿ èr wèi yí lù ＿＿＿＿＿.

7. スキットの内容と合っているものを選びなさい。

① 去大阪的大巴在几号站台上车？
　　A. 三号站台　　　　　B. 十三号站台　　　　　C. 八号站台　　　D. 十八号站台

② 丽丽他们得在什么时候买大巴的车票？
　　A. 上车以前买　　　B. 上车以后买　　　　C. 排队的时候买　　D. 不用买

③ 丽丽他们的电车票得给谁看？
　　A. 排着队等大巴的人　　B. 站台上的人　　C. 电车的司机　　D. 大巴的司机

8. スキットの音声に基づいて空欄を簡体字で埋め、意味を確認しなさい。

① 站员：很 ＿＿＿＿ 给 二 位 的 行程 带来 ＿＿＿＿。
　　　　　二 位 ＿＿＿ 坐 大巴。站外 就 有 去 ＿＿＿ 的 大巴。

② 丽丽：在 几 号 ＿＿＿＿ 上 车？

③ 站员：三 号 站台。现在 ＿＿＿ 等 大巴 的 人 ＿＿ 不 少。

④ 丽丽：＿＿＿＿ 了。我们 应该 能 ＿＿＿＿。

⑤ 张力：大巴 的 ＿＿＿＿ 是 上 车 以后 买 吗？

⑥ 站员：你们 ＿＿＿＿ 买 大巴 的 票。上 车 以后，
　　　　　＿＿＿ 司机 看 一下 你们 ＿＿里 的 电车票 就 行 了。

⑦ 张力：＿＿＿＿ 太 好 了。谢谢！

⑧ 站员：不 客气。＿＿＿＿ 二 位 一 路 平安。

★まとめドリル

1 スキット(1)(2)の内容に基づいて、次の文章の空欄を簡体字で埋め、音読しなさい。

　　　我们 本来 打算 (1)＿＿＿ 电车 去 大阪，可是 在 车站 等了 很 长 时间，电车 也 没 来。广播里 说了 什么，我们 没 听(2)＿＿＿。我们 找到了 一 个 (3)＿＿＿ 说 汉语 的 站员*。她 建议** 我们 (4)＿＿＿ 大巴 去 大阪。我们 已经 买了 电车票，(5)＿＿＿了 大巴 (6)＿＿＿ 司机 看 一下 就 (7)＿＿＿，(8)＿＿＿ 再 买 大巴 的 车票。我们 到了 大巴 的 站台，看到 (9)＿＿＿着 队 等 大巴 的 人 很 多。

　　*站员 zhànyuán 駅員　　　**建议 jiànyì アドバイスをする

セクション2

★到達目標

□ 事態が思っていたよりも早く（遅く）起きたことを伝えられる。
□ 相手のせいで被害を受けたと非難することができる。
□ 相手の意見に対する賛同を表現できる。

スキット(3) 遅刻の理由 　　（张力、丽丽、小婷）

🎧226

🎧224

1. 音声が聞こえた順に［ ］に番号を書きなさい。音声が流れなかったものには×をつけなさい。

　　［ ］アニメ・マンガショー　　　　　　［ ］概念　　　［ ］怒りを静める
　　［ ］〜によると　　　［ ］変える　　　［ ］慌てる　　　［ ］終わる
　　［ ］〜便（交通機関の発着回数を数える）　　　　　　［ ］遅刻する

🎧225

2. 音声に基づいて、下線部にピンインを書き入れなさい。

① Chídàole yí ge _____.

② Nǐmen zhèhuǐr _____ dào.

③ Gēn nǐmen _____bushàng, zhēnshi bèi nǐmen jí_____.

④ Diànchē _____ le, zuò_____ le, suǒyǐ wǒmen _____
　　gǎi zuò bāshì.

🎧226

3. スキットの内容と合っていれば○、間違っていれば×を［ ］に入れなさい。

① 　［ ］他们到的时候，动漫表演秀已经开始了。

② 　［ ］他们要坐的电车坏了。

③ 　［ ］他们跟等他们的人联系过了。

④ 　［ ］他们没有坐上前两班巴士。

🎧226

4. スキットの音声に基づいて、空欄を簡体字で埋め、意味を確認しなさい。

① 　小婷：你们 还 有 没 有 点儿 时间 观念？
　　　　　　_____了 一 个 小时！
　　　　　　动漫 表演秀 已经 _____ 了。你们 这会儿 ____ 到。

117

② 张力：抱歉，抱歉。_____，_____！

③ 小婷：还 _____ 我 嬉 皮 笑 脸 呢！

_____ 你们 联系_____，真是 _____ 你们 急死了！

④ 丽丽：我们 要 _____ 的 电车……

⑤ 小婷：电车 _____ 了？

⑥ 张力：_____ 站内 广播 _____，电车 _____ 了，

坐_____ 了，所以 我们 _____ 改 坐 巴士。

⑦ 丽丽：_____，坐 巴士 的 人 特别 多，

我们 一直 _____ 第 三 班 巴士 _____ 坐上。

スキット(4) ちょっと休もう　（张力、丽丽、小婷）

🎧229

🎧227

5. 音声が聞こえた順に [ ] に番号を書きなさい。音声が流れなかったものには×をつけなさい。

[ ] 間の悪いことに　　　[ ] 見る　　　　　[ ] 疲れる

[ ] 受信する　　　　　　[ ] 足を休める　　　[ ] 電波

[ ] コーヒー　　　　　　[ ] 実を言うと　　　[ ] 帰国する

🎧228

6. 音声に基づいて、下線部にピンインを書き入れなさい。

① Bù _____, shǒujī jiùshì jiēshōubudào _____.

② _____ qián yào mǎi de _____ yīnggāi bù shǎo ba?

③ Wǒmen _____ zhàndào xiànzài, yǒu diǎnr _____ le.

④ Nǐ kě _____ wǒ xīnli _____ le.

🎧229

7. スキットの内容と合っているものを選びなさい。

① 他们为什么没有给小婷发微信？

A. 他们不想发。　　　　　　　B. 他们的手机坏了。

C. 他们没有时间。　　　　　　D. 他们接收不到信号。

② 小婷觉得他们接下来应该做什么？

A. 发微信　　　B. 买东西　　　C. 喝咖啡　　　D. 说实话

③ 以下的说法，哪个不对？

A. 丽丽觉得很抱歉。　　　　　B. 丽丽是坐着回来的。

C. 丽丽回国前要买的东西不少。　　D. 丽丽想先去哪儿休息一下。

🎧229

8. スキットの音声に基づいて空欄を簡体字で埋め、意味を確認しなさい。

① 小婷：那 也 可以 给 我 _____ 个 微信 啊。

② 张力：我们 也 想 _____ 啊。可是 不 _____，
手机 就是 接收_____ 信号。丽丽，你 也 说 _____ 话 吧。

③ 丽丽：小婷，太 _____ 了！

④ 小婷：好 吧，真是 计划 赶_____ 变化。现在 去 买 _____ 吧。
回国 前 要 买 的 东西 _____ 不 少 吧？

⑤ 张力：对。不过 说 _____，小婷，我们 一路 站到 现在，
有点儿 _____ 了。得 先 去 _____ 喝 杯 咖啡，歇歇 脚。

⑥ 丽丽：张力，你 可 说到 我 _____ 去 了！

⑦ 小婷：嘿，瞧 你们 _____！

★まとめドリル

1 スキット(1)(2)の内容に基づいて、空欄を簡体字で埋め、音読しなさい。

我 本来 计划 跟 丽丽、张力 去 看 动漫 表演秀。没 想到 他们 俩
(1)_____ 了。我 跟 他们 也 联系(2)_____，(3)_____ 他们 急(4)_____。
他们 到 的 时候 动漫 表演秀 已经 (5)_____ 了。我 只好 提议* 去 买
(6)_____。可是 张力 竟然**说 有点儿 (7)_____ 了，得 (8)_____ 去 什么
地方 喝 杯 咖啡 (9)_____ 脚。丽丽 也 这么 想。我 真是 服了 他们 俩 了。
*提议 tíyì 提案する　　**竟然 jìngrán 意外なことに

119

第 14 課

セクション1

★到達目標

□ 得意げに自慢することができる。
□ ある特定の対象について"对～"を使って感想を述べることができる。
□ "是不是"を使って相手に確認することができる。
□ 落とし物を忘れ物センターに届ける提案をすることができる。
□ 自分にとってある出来事が予想外であったことを伝えることができる。

スキット⑴ 旅行の帰り　（男、女: 日本を旅行している中国人）

🎧232

🎧230

1. 音声が聞こえた順に［　］に番号を書きなさい。音声が流れなかったものには×をつけなさい。

［　］乗り換える　　［　］～本（取っ手のついているものを数える）

［　］旅行する　　　［　］鍵　　　　　［　］満足する　　　［　］足元

［　］伝統　　　　　［　］片付ける　　　［　］感銘　　　　　［　］忘れ物センター

🎧231

2. 音声に基づいて、下線部にピンインを書き入れなさい。

① Zhè cì ＿＿＿＿＿＿ wǒ ＿＿＿＿＿de búcuò ba?

② Tài ＿＿＿＿＿＿ rén mǎnyì le.

③ Qùle Qiǎncǎo hé Qíngkōngtǎ ＿＿＿＿＿＿, wǒ duì ＿＿＿＿＿＿ de Rìběn

hé ＿＿＿＿＿＿ de Rìběn, dōu yǒule gèng ＿＿＿＿＿＿ de ＿＿＿＿＿＿.

④ Duì. Shōushishoushi，＿＿＿＿＿＿ xià chē ba.

⑤ Nǐ ＿＿＿＿＿＿ yǒu bǎ ＿＿＿＿＿＿, shì nǐ de ma?

⑥ Huì bu huì shì qián yí ＿＿＿＿＿＿ chē de ＿＿＿＿＿＿ de ne?

⑦ Zánmen ＿＿＿＿＿＿ tā ＿＿＿＿＿＿ shīwù zhāolǐngchù qù ba.

🎧232
3. スキットの内容と合っていれば〇、間違っていれば×を入れなさい。

① ［　］这次旅行是男的安排的。

② ［　］他们去了浅草和晴空塔。

③ ［　］男的少了一把钥匙。

④ ［　］他们一会儿可能要去失物招领处。

🎧232
4. スキットの音声に基づいて、空欄を簡体字で埋め、意味を確認しなさい。

① 女：这 ＿＿＿＿＿ 旅行 我 ＿＿＿＿＿得 不错 吧？

② 男：太 ＿＿＿＿＿ 人 满意 了。

　　　＿＿＿＿＿ 是 去了 浅草 和 晴空塔 以后，

　　　我 ＿＿＿＿＿ 传统 的 日本 和 现代 的 日本，

　　　都 有了 更 深刻 的 感受。

　　　对了，咱们 是 不 是 ＿＿＿＿＿ 在 下 一 站 换 车？

③ 女：对。收拾收拾，＿＿＿＿＿ 下 车 吧。

　　　唉，你 脚边儿 有 ＿＿＿＿＿ 钥匙，是 你 的 吗？

④ 男：不 是 我 的。

　　　＿＿＿＿＿＿＿ 是 前 一 趟 车 的 乘客 的 呢？

⑤ 女：咱们 ＿＿＿＿＿ 它 交到 失物 招领处 ＿＿＿＿＿ 吧。

⑥ 男：嗯，就 ＿＿＿＿＿ 办。

スキット(2) 忘れ物しないで 　（男、女：日本を旅行をしている中国人）

🎧235

🎧233
5. 音声が聞こえた順に［　］に番号を書きなさい。音声が流れなかったものには×をつけなさい。

［　］旅行する　　　［　］点検する　　［　］なくす　　　　［　］いつも

［　］財布　　　　　［　］荷物　　　　［　］見つかる　　　［　］治安

［　］絶対に　　　　［　］不思議だ

6. 音声に基づいて、下線部にピンインを書き入れなさい。

① Wǒ yǐqián lái Rìběn _____ de shíhou, zài xīngànxiànshang
_____guo qiánbāo.

② _____ ne? _____ le ma?

③ Wǒ yǐwéi _____ zhǎobudào le.

④ Gěi shīwù zhāolǐngchù dǎle _____, méi xiǎngdào wǒ de
_____ hái zhēnde _____ sòngdào nàr qù le.

⑤ Bù _____, Rìběn _____ yǒu kǒu jiē bēi.

⑥ Zánmen háishi _____ diǎnr hǎo.

⑦ Diūle _____, dàjiā dōu máfan.

⑧ Xià chē qián _____ yào bǎ xíngli _____ hǎojǐ biàn.

7. スキットの内容と合っているものを選びなさい。

① 男的以前在新干线上丢过什么东西？
A. 钥匙　　　　B. 钱包　　　　C. 包儿　　　　D. 银行卡

② 男的在新干线上丢了东西的时候是怎么想的？
A. 这次旅行让他很不满意。
B. 他要去吃一点儿东西。
C. 丢了的东西找不回来。
D. 他以后要抱着自己的行李坐车。

③ 以下的说法，哪个不对？
A. 在日本丢了东西经常能找回来。
B. 日本的治安不好，要小心。
C. 丢了东西会很麻烦。
D. 男的现在下车前会检查行李。

8. スキットの音声に基づいて空欄を簡体字で埋め、意味を確認しなさい。

① 男：我 以前 来 日本 旅游 的 _____，
在 新干线上 _____过 钱包。

② 女：还 有 这 种 事儿？_____ 呢？找到 了 吗？

③ 男：我 以为 _____ 找不到 了，

不过 还是 _____着 试试 看 的 想法，

给 失物 招领处 打了 电话，

没 想到 我 的 钱包 还 真的 _____ 送到 那儿 去 了。

④ 女：不 _____，日本 治安 有 口 皆 碑。

不过 咱们 还是 小心 _____ 好。

丢了 东西，大家 都 _____。

⑤ 男：是 啊，

_____ 那 次 以后 我 就 "吃 一 堑 长 一 智" 了，

下 车 前 _____ 要 _____ 行李 检查 好几 遍。

★まとめドリル

1 スキット⑴⑵の内容に基づいて、空欄を簡体字で埋め、音読しなさい。

这 次 旅行，我 去了 不 少地方，对 (1)_____ 的 日本 和 (2)_____ 的 日本 都 有了 更 (3)_____ 的 感受。回来 的 电车上，我 发现* 脚边 有 一 把 (4)_____，可能 是 前 一 (5)_____ 车 的 乘客 的，就 (6)_____ 它 交到 了 失物 招领处。我 以前 在 新干线上 (7)_____过 钱包。幸运** 的 是，那 个 钱包 (8)_____ 送到了 新干线 的 失物 招领处。我 给 那里 打了 (9)_____，钱包 又 回到了 我 手里。(10)_____ 那次 以后，我 下车 前 (11)_____ 要 (12)_____行李 检查 好几 (13)_____。

*发现 fāxiàn 気づく　**幸运 xìngyùn 幸運である

2 下線部をほかの語句に置き換えて、ペアで会話練習をしなさい。

A：唉，你 脚边儿有 <u>把</u> <u>钥匙</u>，是 你 的 吗？

B：不 是 我 的。咱们 把 它 交到 失物 招领处 去 吧。

A：嗯，就 这么 办。

語群（意味を辞書などで調べなさい）

钱包　　　笔记本　手机　　伞　　手提包
qiánbāo　bǐjìběn　shǒujī　sǎn　shǒutíbāo

セクション2

★到達目標

□ 相手とのやり取りから得た情報を、「〜ではなかったっけ？」と確認することができる。

□「〜だろう」と予想をいうことができる。

□ 見た目から判断できること、できないことを表現できる（〜のように見える、〜のように見えない）。

□ 二者択一の状況を説明できる（AでなければBだ）。

スキット(3) 中古の自転車　　（場所: 中国。男、女: 中国人の大学生）

🎧238

🎧236

1. 音声が聞こえた順に［　］に番号を書きなさい。音声が流れなかったものには×をつけなさい。

［　］生活　　　［　］中古　　　　　　［　］遠い　　　　［　］処分する

［　］やや　　　［　］最も大切なこと　［　］往復する　　［　］質

［　］自転車　　［　］節約する

🎧237

2. 音声に基づいて、下線部にピンインを書き入れなさい。

① Yǒule _____, wǎngfǎn sùshè hé jiàoxuélóu kěyǐ _____ bù

shǎo _____.

② Qù shāowēi _____ yìdiǎnr de dìfang mǎi dōngxī shénme de yě

huì fāngbiànde duō.

③ _____ huì yǒu hěn dà de _____.

④ Wǒ zhèr yǒu liàng _____ de,

⑤ Xiǎng bǎ _____ xiànzài de zìxíngchē _____.

⑥ _____ shì xìngjiàbǐ.

⑦ Méi zhǎodào _____ de, bú shì tài _____, jiù shì _____ bú tài hǎo.

⑧ Jiù shì _____ shang de zhè liàng.

124

3. スキットの内容と合っていれば〇、間違っていれば×を ［ ］ に入れなさい。

①　［　］男的现在往返宿舍和教学楼要不少时间。

②　［　］女的家里有一辆二手自行车。

③　［　］日本留学生想买一辆自行车。

④　［　］自行车店里的自行车都太贵了。

🎧238

4. スキットの音声に基づいて、空欄を簡体字で埋め、意味を確認しなさい。

①　女：你 前 几 天 ＿＿＿＿ 说 想 要 一 ＿＿＿ 自行车 ＿＿？

②　男：是 啊。有 了 自行车，

往返 宿舍 和 教学楼 ＿＿＿＿ 节省 不 少 时间，

去 稍微 远 ＿＿＿＿ 的 地方 买 东西 什么的

也 ＿＿＿＿ 方便 得 多。

③　女：对，生活 会 有 很 大 的 改观。

我 ＿＿＿＿ 有 辆 二手 的，你 要 不 要？

我 一 个 同学 ＿＿＿＿ 去 日本 留学，

想 ＿＿＿＿ 自己 现在 的 自行车 处理＿＿＿＿。

④　男：二手 的 也 ＿＿＿＿ 啊，关键 是 性价比。

其实 我 昨天 ＿＿＿ 去过 自行车 店，没 找到 满意 的，

＿＿＿＿ 太 贵，就 是 质量 不 太 好。

⑤　女：唉，就 是 照片上 的 这 辆，你 ＿＿＿＿。

スキット(4)　タダほど高いものはなし　　（場所: 中国。男、女: 中国人の大学生）

🎧241

🎧239

5. 音声が聞こえた順に ［ ］ に番号を書きなさい。音声が流れなかったものには×をつけなさい。

［　］お金を取る　　　［　］見たところ　　　　［　］日頃

［　］気が合う　　　　［　］ひょっとすると〜かもしれない

［　］（機械などの）手入れをする　　　　　　　［　］雑談する

［　］相談する　　　　［　］決める　　　　　　［　］値段

🎧240
6. 音声に基づいて、下線部にピンインを書き入れなさい。

① Zhè liàng chē _____ tǐng xīn de.

② Nǐ bù shuō, wǒ kě _____ shì èrshǒu de.

③ Shì a, tīngshuō mǎile _____ jǐ ge yuè, _____ hái tèbié zhùyì
_____.

④ Bù zhīdào _____ gǎnjué zěnmeyàng.

⑤ Shìqí yíxià zài _____ yào bu yào, xíng ma?

⑥ _____ háishi nǐmen liǎ zìjǐ _____ ba.

⑦ _____ nǐmen liǎ liáode tóuyuán, tā bù gēn nǐ shōu qián yě_____.

⑧ Qīn _____, míng suàn zhàng.

⑨ Méiyou bǐ _____ gèng guì de dōngxi le.

🎧241
7. スキットの内容と合っているものを選びなさい。

① 那辆自行车看起来怎么样？
A. 能看出是二手的。　　　　B. 骑起来很舒服。
C. 保养得不错。　　　　　　D. 买了好几个月了。

② 以下的说法，哪个对？
A. 那辆自行车现在就能试骑。　B. 男的决定要那辆自行车。
C. 男的想请女的问一问价钱。　D. 男的想要一辆免费的自行车。

③ 以下的说法，哪个不对？
A. 那个同学可能跟男的直接联系。　B. 那个同学一定有兄弟。
C. 二手自行车一般不贵。　　　　　D. 男的觉得免费才是最贵的东西。

🎧241
8. スキットの音声に基づいて空欄を簡体字で埋め、意味を確認しなさい。

① 男：这 辆 车 _____ 挺 新 的。
你 不 说，我 可 _____ 是 二手 的。

② 女：是 啊，听说 买 了 ____ 几 个 月，
_____ 还 特别 注意 保养。

③ 男：不 知道 骑_____ 感觉 怎么样。
试骑 一下 _____ 决定 要 不 要，行 吗？

④ 女：我 _____ 我 同学 说 一 声，
_____ 他 跟 你 直接 联系，怎么样？

126

⑤ 男：好 啊，谢谢。对了，价钱 也 _____ 问 一 问 吧。

⑥ 女：价钱 _____ 你们 俩 自己 商量 吧。

　　　二手 自行车 _____ 很 贵。要是 你们 俩 聊得 投缘，

　　　他 不 跟 你 收钱 也 _____。

⑦ 男：那 可 不 _____。"亲 兄弟，明 算 帐"，

　　　没有 _____ 免费 _____ 贵 的 东西 了。

★ まとめドリル

1 スキット(3)(4)の内容に基づいて、空欄を簡体字で埋め、音読しなさい。

　　我 觉得 (1)_____ 宿舍 (2)_____ 教学楼 有点儿 远，想 要 一 辆 自
行车。这样 能 (3)_____ 很 多 时间，去 远 (4)_____ 的 地方 买 东西 什
么的 也 会 方便(5)_____。正好 我 朋友 的 一 个 同学 要 去 留学，打算
把 自己 现在 的 自行车 (6)_____。虽然* 是 二手 的，但是 看(7)_____
挺 新 (8)_____。我 想 (9)_____ 一下 (10)_____ 决定 要 不 要。我 朋
友 (11)_____ 那 位 同学 直接 跟我 (12)_____。
*虽然 suīrán　…だけれども

2 下線部をほかの語句に置き換えて、ペアで会話練習をしなさい。

（1）A：你 前 几 天 不 是 说 想 要 <u>一 辆 自行车</u> 吗？

　　　B：是 啊。

　　　A：我 这儿 有 <u>辆</u> 二手 的，你 要 不 要？

　　　B：二手 的 也 行 啊，关键 是 性价比。

（2）A：这 <u>辆 车</u> 看起来 挺 新 的。

　　　　你 不 说，我 可 看不出 是 二手 的。

　　　B：是 啊，听说 买了 才 <u>几 个 月</u>，平时 还 特别 注意 保养。

語群（意味を辞書などで調べなさい）

一台电脑　　　一台微波炉　　一台激光打印机　　一台平板电脑　　　一架照相机
yì tái diànnǎo　　wēibōlú　　　jīguāng dǎyìnjī　　píngbǎn diànnǎo　yì jià zhàoxiàngjī

第15課

セクション1

★到達目標

□ 道を尋ねたり案内したりできる。
□ 比較に関する表現を身につける。

スキット(1) トイレはどこ？(1)　　（女1、男: 中国人、日本の百貨店で買い物中。
　　　　　　　　　　　　　　　　　　　　　　　　女2: 案内所のスタッフ）

244

242

1. 音声が聞こえた順に ［　］ に番号を書きなさい。音声が流れなかったものには×をつけなさい。

［　］トイレ　　　　　［　］〜階　　　　［　］曲がる　　　　　　［　］手伝う
［　］案内所　　　　　［　］右　　　　　［　］エスカレーター　　［　］比較的
［　］早い　　　　　　［　］相対的に

243

2. 音声に基づいて、下線部にピンインを書き入れなさい。

① Nǐ _____ wǒ zhǎozhao ba.

② Qù _____ yíxià bǐjiào _____.

③ Lóushàng yòng de rén _____ shǎo yìdiǎnr.

④ Nín kěyǐ _____ nàbiānr de zìdòng fútī shàngqu, _____ yòu guǎi.

244

3. スキットの内容と合っていれば○、間違っていれば×を入れなさい。

① 　［　］女的刚才没喝咖啡。

② 　［　］男的帮女的找到了洗手间。

③ 　［　］这层没有洗手间。

④ 　［　］用楼上洗手间的人比用楼下的多。

🎧244

4. スキットの音声に基づいて、空欄を簡体字で埋め、意味を確認しなさい。

① 女1： 刚才 咖啡 喝_____ 了，想 去 _____。

你 _____ 我 找找 吧。

② 男 ： 那儿 有 个 问询处，去 _____ 一下 比较 快。

③ 女1： 不 好意思，请问 _____ 有 洗手间 吗？

④ 女2： 这 _____ 没有 洗手间。楼上 _____ 楼下 都 有，

楼上 _____ 的 人 相对 少 _____。

⑤ 男 ： 那 楼上 的 洗手间 _____ 呢？

⑥ 女2： 您 可以 ___ 那边儿 的 自动 扶梯 上去，___ 右 拐。

スキット(2) トイレはどこ？(2)　　（女1、男: 中国人、女2: 案内所のスタッフ）

🎧247

🎧245

5. 音声が聞こえた順に ［ ］ に番号を書きなさい。音声が流れなかったものには×をつけなさい。

［ ］紳士靴　　　　［ ］行く　　　　　［ ］専売品コーナー
［ ］～に沿って　　［ ］銀聯カード　　［ ］真ん中
［ ］エレベーター　［ ］道
［ ］ATM（現金を預けることができない機種）

🎧246

6. 音声に基づいて、下線部にピンインを書き入れなさい。

① _____zhe zhè liǎng ge zhuāngguì _____ de lù _____ lǐ zǒu.

② Cóng zhèr zuò _____ shàngdào shí lóu.

③ _____ nín yòng de shì Yínliánkǎ, qǐng yòng _____ de yì tái.

④ Nǎli, nín _____ le.

129

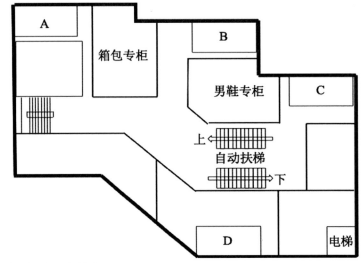

7. スキットの内容と合っているものを選びなさい。

① A、B、C、D 中哪个是洗手间？

② 洗手间附近没有什么？
A. 男鞋专柜　　　B. 箱包专柜　　　C. 自动取款机　　D. 自动扶梯

③ 商场里有几台自动取款机？
A. 一台　　　　　B. 两台　　　　　C. 四台　　　　　D. 十台

④ 能用银联卡的自动取款机在哪一边？
A. 左边　　　　　B. 右边　　　　　C. 前边　　　　　D. 后边

8. スキットの音声に基づいて空欄を簡体字で埋め、意味を確認しなさい。

① 女1：上去 以后 _____ 右 拐，_____ 到 了 吗？

② 女2：拐_____ 之后，
有 一 个 男鞋 专柜 _____ 一 个 箱包 专柜。
_____ 这 两 个 专柜 中间 的 路 _____ 里 走，
就 是 洗手间。

③ 女1：_____ 了。谢谢！

④ 男 ：_____，商场 里 有 没有 自动 取款机？

⑤ 女2：有。从 这儿 坐 _____ 上到 十楼，
有 两 ___ 自动 取款机。_____ 您 用 的 是 银联卡，
请 用 _____ 的 一 台。

⑥ 男 ：_____ 谢谢 了。

⑦ 女2：_____，您 客气 了。

130

★まとめドリル

1 スキット(1)(2)の内容に基づいて、空欄を簡体字で埋め、音読しなさい。

　　　楼上 和 楼下 都 有 洗手间，但是 楼上 的 洗手间 用 的 人 (1)_____ 少 一些。(2)_____ 自动 扶梯 上去 以后 (3)_____ 右 拐，会 看(4)_____ 一 个 男鞋 专柜 和 一 个 箱包 专柜，沿着 这 两 个 专柜 (5)_____ 的 路 往 (6)_____ 走，就 到 洗手间 了。商场里 有 两 (7)_____ 自动 取款机，都 在 十 楼，可以 坐 电梯 上去。左边 的 一 台 (8)_____ 用 银联卡。

2 下線部をほかの語句に置き換えて、ペアで会話練習をしなさい。

（1）A：你 以前 不 是 说 想 买 这 个 东西 吗？

　　　B：是 啊，这 个 东西 很 不错。
　　　　但是 很 可惜，我 今天 没 带 钱，_____。

（2）A：菜 太 多 了。

　　　B：_____ 的 话，咱们 带回去 吧。

語群（意味を辞書などで調べなさい）

| 买不起 | 买不了 | 不能买 | 吃不了 | 不能吃 |
| mǎibuqǐ | mǎibuliǎo | bù néng mǎi | chībuliǎo | bù néng chī |

セクション2

★到達目標

□ 将来の目標を尋ねたり、伝えたりできる。
□ ある行動の目的を伝えられる。
□ "我来"を用いて積極的に自分が関与することを伝えることができる。
□ 相手の言葉に軽く反対の意をとなえる表現ができる。

スキット⑶ 機内で⑴ 　　　（男: 若い日本人男性、女: 中国人のおばあさん
　　　　　　　　　　　　　　　おばあさんが上の棚に荷物を収納しようとしている）
🎧250

🎧248
1. 音声が聞こえた順に ［ ］に番号を書きなさい。音声が流れなかったものには×をつけなさい。

[　] 向かい　　　　　　　 [　] 荷物棚　　　　　　 [　] 優秀である
[　] 若い男子（呼びかけ）　[　] 出張する　　　　　 [　] クリニック
[　] 明確である　　 [　] 目標　　 [　] 専攻　　 [　] 中国医学

🎧249
2. 音声に基づいて、下線部にピンインを書き入れなさい。

① Nín ＿＿＿＿ lǐ ＿＿＿＿ ba.
② Zhèr de ＿＿＿＿ yǐjīng fàng＿＿＿＿ le.
③ Nǐ ＿＿＿＿ qù Běijīng chūchāi, ＿＿＿＿ lǚyóu?
④ Qián jǐ tiān huí Rìběn ＿＿＿＿ diǎnr ＿＿＿＿, xiànzài ＿＿＿＿ Běijīng.
⑤ Liúxué de ＿＿＿＿ zhème míngquè, zhēn ＿＿＿＿!

🎧250
3. スキットの内容と合っていれば○、間違っていれば×を ［ ］に入れなさい。

① [　] 女的帮男的把自己的行李放到了行李架上。
② [　] 所有的行李架都放满了。
③ [　] 男的在北京留学。
④ [　] 男的今后想在中国开诊所。

🎧250
4. スキットの音声に基づいて、空欄を簡体字で埋め、意味を確認しなさい。

① 男: 行李 我 来 帮 您 ＿＿＿＿，您 往 ＿＿＿＿ 坐 吧。
② 女: 那 ＿＿＿＿ 好意思 呢？

132

③ 男：别 客气。呀，这儿 的 行李架 已经 放＿＿＿＿＿＿＿ 了。

＿＿＿＿＿＿＿ 还 有 空儿，我 ＿＿＿＿＿＿＿ 您 放到 那儿 吧？

④ 女：行，＿＿＿＿＿＿＿ 你 了。

小伙子，你 是 去 北京 出差，＿＿＿＿＿＿＿ 旅游？

⑤ 男：我 在 北京 留学。

前 几 天 回 日本 办 ＿＿＿＿＿＿＿ 事儿，现在 回 北京。

⑥ 女：是 吗。你 学 什么 ＿＿＿＿＿＿＿？

⑦ 男：我 学 中医。我 今后 想 在 日本 ＿＿＿＿＿＿＿ 中医 诊所。

⑧ 女：留学 的 目标 ＿＿＿＿＿＿＿ 明确，真 优秀！

＿＿＿＿＿＿＿ 你 成功！

スキット(4)　機内で(2)　　（男: 日本人の若い男性、女: 中国人のおばあさん）

🎧253
🎧251
5. 音声が聞こえた順に ［ ］に番号を書きなさい。音声が流れなかったものには×をつけなさい。

　［　］一人で　　　［　］息子の嫁　　　　［　］息子　　［　］外国へ行く
　［　］安定する　　［　］親族に会いに行く　［　］娘　　［　］大切な
　［　］空港　　　　［　］容易である

🎧252
6. 音声に基づいて、下線部にピンインを書き入れなさい。

① Tāmen yǒu ge liù suì de ＿＿＿＿＿＿＿, jiù ài chī wǒ bāo de jiǎozi.

② Nín sūnnǚr yídìng dà bǎo ＿＿＿＿＿＿＿ le.

③ Zhè ＿＿＿＿＿＿＿ shì dì wǔ cì wǒ yí ge rén qù ＿＿＿＿＿＿＿ le.

④ Shénme ＿＿＿＿＿＿＿ dōu ＿＿＿＿＿＿＿.

⑤ ＿＿＿＿＿＿＿ dào Běijīng le.

🎧253
7. スキットの内容と合っているものを選びなさい。

① 女的家里人谁不在日本？
　A. 儿子　　　　　B. 女儿　　　　　C. 儿媳　　　　　D. 孙女儿

② 孙女儿今年几岁？
　A. 四岁　　　　　B. 五岁　　　　　C. 六岁　　　　　D. 七岁

③ 孙女儿喜欢吃什么？
　A. 奶奶包的饺子　B. 妈妈包的饺子　C. 奶奶做的生煎包　D. 妈妈做的生煎包

④ 以下说法，哪个不对？

    A. 儿子和儿媳都有工作。

    B. 女的觉得自己一个人出国没有问题。

    C. 女的以前都跟家里人一起去日本。

    D. 家里人会去机场接女的。

🎧253

8. スキットの音声に基づいて、空欄を簡体字で埋め、意味を確認しなさい。

① 男：您 去 日本 是 _____ 探亲 吗？

② 女：对。我 儿子 儿媳 在 日本 _____，

       他们 有 个 _____ 的 女儿，

       就 _____ 吃 我 包 的 饺子。

       这 次 就 是 去 看 我 的 宝贝 孙女儿。

③ 男：那 您 孙女儿 _____ 大 饱 口福 了。

       您 这 个 年纪，一 个 人 出国 不 _____ 吧？

④ 女：哪儿 呀。

       这 已经 是 第五 ___ 我 一 个 人 去 日本 了，

       什么 问题 _____ 没有。

⑤ 男：真 厉害。啊，_____ 到 北京 了。

       家里人 在 _____ 接 您 吗？

⑥ 女：我 女儿 _____ 接 我。

⑦ 男：那 就 好。

       飞机 ____稳 以后，我 帮 您 ____ 行李 拿下来 吧。

★まとめドリル

1　スキット(3)(4)の内容に基づいて、空欄を簡体字で埋め、音読しなさい。

这 是 我 第 五 次 一 个 人 去 日本。我 在 回 北京 的 飞机(1)_____ 碰 到 了 一 位 很 热心 的 年轻人。飞机 起飞*前 他 帮 我 把 (2)_____ 放 到 行李架上，(3)_____ 以后 又 负责 把 行李 (4)_____下来。我 听 他 (5)_____ 他 是 在 北京 学 中医 的 日本 留学生，今后 想 在 日本 (6)_____ 中医 诊所。我 觉得 他 留学 的 目标 这么 (7)_____，一定 能 (8)_____。

*起飞 qǐfēi　離陸する

第16課

セクション1

★到達目標

□ 相手に「質問したいことがある」、と切り出すことができる。
□ 誘いを丁寧に断ることができる。
□ 道理や人情からいってそうするべきだという考えを伝えることができる。

スキット(1) 誘いの断り方(1) （場所: 中国。男: 日本人留学生、女: 小王）

🎧256

🎧254

1. 音声が聞こえた順に [ ] に番号を書きなさい。音声が流れなかったものには×をつけなさい。

[ ] 教えを請う　　　 [ ] 変わる　　　 [ ] 確かに　　　 [ ] その人
[ ] 誘う　　　　　 [ ] 表情　　　　 [ ] 大真面目である

🎧255

2. 音声に基づいて、下線部にピンインを書き入れなさい。

① Xiǎo-Wáng, wǒ yǒu ge wèntí xiǎng _____ nǐ _____.

② Shuōde zhème _____. Shénme wèntí ya?

③ Qián xiē tiān Zhōngguó _____ qǐng wǒ qù chīfàn.

④ Bù _____, nèitiān wǒ _____ yǒu biéde _____ le, jiù gēn tā
　shuō "wǒ bù _____ qù".

⑤ Jiéguǒ _____ bù gāoxìng le?

⑥ Tā de _____ quèshí jiù _____ le.

⑦ Wǒ zhè jǐ tiān yìzhí _____ xiǎng _____.

⑧ Nǐ yīnggāi shuō "wǒ _____".

🎧256
3. スキットの内容と合っていれば○、間違っていれば×を入れなさい。

① [　] 男的有个问题想问小王。

② [　] 前些天有中国朋友请男的去吃饭。

③ [　] 男的已经有了别的安排，这让他的朋友很不高兴。

④ [　] 小王觉得这种时候说"去不了"比"不能去"更好。

🎧256
4. スキットの音声に基づいて、空欄を簡体字で埋め、意味を確認しなさい。

① 男　：小王，我 ＿＿＿＿＿ 个 问题 想 ＿＿＿＿＿ 你 请教。

② 小王：＿＿＿＿＿ 这么 一 本 正 经。什么 问题 呀？

③ 男　：是 这样 的。前 些 天 中 国 朋友 ＿＿＿＿＿ 我 去 吃饭，
　　　　但是 很 不 巧，那天 我 ＿＿＿＿＿ 有 别的 安排 了，
　　　　就 ＿＿＿＿＿ 他 说 "我 不 能 去"，结果……

④ 小王：结果 人家 不 ＿＿＿＿＿ 了？

⑤ 男　：我 这么 ＿＿＿＿＿ 说，他 的 表情 确实 ＿＿＿＿＿ 变 了。
　　　　我 这 几 天 一直 ＿＿＿＿＿ 为什么。

⑥ 小王：其实 这 种 ＿＿＿＿＿，你 ＿＿＿＿＿ 说 "我 去不了"。

スキット(2)　誘いの断り方(2)　　（場所: 中国。男: 日本人留学生、女: 小王）

🎧259

🎧257
5. 音声が聞こえた順に［ 　 ］に番号を書きなさい。音声が流れなかったものには×をつけなさい。

[　] 深い　　　　　　[　] 同じ　　　　[　] 隠れる　　　　[　] 条件

[　] 意外にも　　　　[　] 術がない　　[　] 相手　　　　　[　] 禁止する

[　] 理由　　　　　　[　] はっきりしている

🎧258
6. 音声に基づいて、下線部にピンインを書き入れなさい。

① "Qùbuliǎo" gēn "bù néng qù" bù ＿＿＿＿＿＿＿ ma?

② "Qùbuliǎo" shuō de shì méiyou ＿＿＿＿＿＿＿ qù, ＿＿＿＿＿＿＿ qù.

③ 　Wǒ juéde "bù néng qù" ＿＿＿＿＿＿＿ de yìsi gèng ＿＿＿＿＿＿＿.

④ Yǒu shénme ＿＿＿＿＿＿＿ jìnzhǐ nǐ qù ＿＿＿＿＿＿＿ duìfāng chīfàn.

136

⑤ Duìfāng _____ gēn zìjǐ qù chīfàn shì bèi jìnzhǐ de, dāngrán bú
_____ gāoxìng.

⑥ Zhè sān ge _____li jìngrán _____zhe zhème _____ de xuéwèn!

🎧259

7. スキットの内容と合っていれば〇、間違っていれば×を〔 〕に入れなさい。

① 〔 〕"去不了"和"不能去"不太一样。

② 〔 〕"去不了"禁止的意思更明显。

③ 〔 〕没有人在听到跟自己吃饭被禁止的时候会高兴。

④ 〔 〕男的以前不知道"不能去"这三个字里有这么深的学问。

🎧259

8. スキットの音声に基づいて、空欄を簡体字で埋め、意味を確認しなさい。

① 男 ："去不了" _____ "不 能 去" 不 _____ 吗?

② 小王："去不了" 说 的 是 没有 _____ 去、没法儿 去。

③ 男 ："不 能 去" 不 也 是 这 个 意思 吗?

④ 小王:我 觉得 "不 能 去" _____ 的 意思 _____ 明显。
换 _____ 话 说,就 是 有 什么 理由 禁止 你 去 和 对方 吃饭。
对方 _____ 跟 自己 去 吃饭 是 _____ 禁止 的,
当然 _____ 高兴。

⑤ 男 ：这 三 个 字里 竟然 _____ 这么 深 的 学问!

★まとめドリル

1 スキット⑴⑵の内容に基づいて、空欄を簡体字で埋め、音読しなさい。

"不 能 去" 和 "去不了" 看(1)_____ 一样,其实 不同。"去不了"
说 的 是 没有 条件 去、(2)_____ 去。"不 能 去" (3)_____ 的 意思 更
明显。所以* 如果 你 的 朋友 请 你 去 吃饭,(4)_____ 你 那 个 时间 已
经 有 了 别的 (5)_____,你 最好 跟 他 说 你 "去不了"。如果 你 说 你
"不 能 去",他 (6)_____ 会 以为 你 被 (7)_____ 跟 他 一起 吃饭。

*所以 suǒyǐ だから…

セクション2

★到達目標

□ ある場所にモノやヒトがどのような状態で存在しているかを表現することができる。
□ ある活動が今ちょうど行われていることを説明できる。
□ モノやヒトの二つ以上の性質を「〜でもあり、〜でもある」と並列で表現できる。

スキット(3) 銭湯の話(1)

🎧262

🎧260

1. 音声が聞こえた順に [ ] に番号を書きなさい。音声が流れなかったものには×をつけなさい。

[ ] 掛ける　　　　[ ] 映画　　　　[ ] 銭湯　　　　[ ] 壮健さ

[ ] 象徴する　　　[ ] 巨大な　　　[ ] 信じる　　　[ ] 印象

[ ] 関係　　　　　[ ] 壁画

🎧261

2. 音声に基づいて、下線部にピンインを書き入れなさい。

① Wǒ zài Rìběn _____li, kàndàoguo _____ de zhěng miàn

　_____shang huà_____ jùdà de Fùshìshān, _____ tèbié shēn.

② Dōngjīng yídài de zǎotáng dàdōu yǒu Fùshìshān de _____.

③ Fùshìshān hé zǎotáng yǒu shénme _____?

④ Rénmen _____, Fùshìshān shàng _____ xià _____, zuǒ yòu

　duìchèn de _____ xiàngzhēngzhe _____, zhuàngdà, huì gěi

　kàndào tā de rén _____ hǎoyùn.

🎧262

3. スキットの内容と合っていれば○、間違っていれば×を [ ] に入れなさい。

① [ ] 东京一带的很多澡堂有富士山的壁画。

② [ ] 澡堂的形状一般都是上窄下宽、左右对称。

③ [ ] 人们相信看到富士山的人会有好运。

④ [ ] 出了关东，也都是画着富士山的澡堂。

🎧262

4. スキットの音声に基づいて、空欄を簡体字で埋め、意味を確認しなさい。

① 女1：我 在 日本 _____里，看到过 澡堂 的 整 面 墙上

　　　　_____ 巨 大 的 富士山，印象 特别 深。

138

② 女2： 是 吗。

其实 东京 一带 的 澡堂 大都 有 ＿＿＿＿＿ 的 壁画。

③ 女1： 富士山 和 澡堂 有 什么 ＿＿＿＿＿？

④ 女2： 人们 ＿＿＿＿＿，富士山 上 窄 下 宽、

左 右 对称 的 形状 ＿＿＿＿＿＿ 繁荣、壮大，

＿＿＿＿ 给 看到 它 的 人 ＿＿＿＿＿ 好运。

⑤ 女1： 难怪 有 不 少 人 的 家里

也 ＿＿＿＿＿ 富士山 的 画儿 ＿＿＿＿＿ 照片。

⑥ 女2： 对，就 是 这 个 道理。＿＿＿＿＿ 出了 关东，

就 很 少 能 看到 ＿＿＿＿＿ 富士山 的 澡堂 了。

スキット(4) 銭湯の話(2)

🎧265

🎧263

5. 音声が聞こえた順に［ ］に番号を書きなさい。音声が流れなかったものには×をつけなさい。

[ ] 理髪店 　　　　[ ] 少なくとも 　　　[ ] 駅 　　　[ ] 恥ずかしい

[ ] 経済的である 　　[ ] 特別に優遇する 　　[ ] あらわにする

[ ] 風呂 　　　　　[ ] 風呂に浸かる 　　　[ ] キャンペーン

🎧264

6. 音声に基づいて、下線部にピンインを書き入れなさい。

① ＿＿＿＿＿＿ fùjìn ＿＿＿＿＿ kāile yì jiā "chāojí zǎotáng", zhè jǐ tiān

zhèngzài gǎo ＿＿＿＿＿＿ huódòng.

② "Chāojí zǎotáng" gēn ＿＿＿＿＿＿ de zǎotáng yǒu shénme ＿＿＿＿＿ ma?

③ Chāojí zǎotángli yǒu hǎojǐ zhǒng yùchí, kěyǐ ＿＿＿＿＿＿ zǎo, zhēng

sāngná, hái yǒu měishí kěyǐ ＿＿＿＿＿＿.

④ Bù shǎo chāojí zǎotáng hái dài ＿＿＿＿＿＿ diàn hé ànmó diàn, ＿＿＿＿＿

fāngbiàn yòu ＿＿＿＿＿＿.

⑤ Wǒ háishi gèng ＿＿＿＿＿＿ zài jiāli xǐzǎo.

⑥ Zài biérén ＿＿＿＿＿＿ guāngzhe shēnzi, duō ＿＿＿＿＿＿＿＿ a.

⑦ Zài zǎotáng pào zǎo shì Rìběn ＿＿＿＿＿＿ de yí bùfen, nǐ ＿＿＿＿＿＿

yīnggāi qù ＿＿＿＿＿＿ yí cì.

7. スキットの内容と合っているものを選びなさい。

① 哪儿新开了一家超级澡堂？
A. 浴池附近　　　B. 按摩店附近　　　C. 理发店附近　　　D. 车站附近

② 以下哪个是超级澡堂里没有的？
A. 泡澡的地方　　　B. 散步的地方　　　C. 蒸桑拿的地方　　D. 吃饭的地方

③ 以下说法，哪个不对？
A. 新开的超级澡堂正在搞优惠活动。　　B. 澡堂又方便又经济。
C. 有人觉得在澡堂洗澡很难为情。　　　D. 在澡堂泡澡可以感受日本文化。

8. スキットの音声に基づいて空欄を簡体字で埋め、意味を確認しなさい。

① 女1：我 还 没 _____ 日本 的 澡堂 呢。

② 女2：车站 _____ 新 开 了 一 家 "超级 澡堂"，
这 几 天 _____ 搞 优惠 活动。

③ 女1："超级 澡堂" ____ 一般 的 澡堂 有 什么 不同 吗？

④ 女2：超级 澡堂里 有 _____ 种 浴池，
_____ 泡澡、蒸 桑拿， 还 有 美食 可以 _____。
不 少 超级 澡堂 还 带 理发店 和 按摩 店，
_____ 方便 _____ 经济。

⑤ 女1：我 还是 _____ 习惯 在 家里 洗澡。
在 别人 面前 光着 身子，_____ 难为情 啊。

⑥ 女2：在 澡堂 泡澡 是 日本 文化 的 一 部分，
你 至少 _____ 去 感受 一 次。

★まとめドリル

1　スキット(3)(4)の内容に基づいて、空欄を簡体字で埋め、音読しなさい。

在 澡堂 泡澡 是 日本 (1)_____ 的 一 部分。东京 (2)_____ 的 澡堂 大都 有 富士山 的 壁画。人们 喜欢 在 泡澡 的 时候 看着 富士山，因为 人们 (3)_____，富士山 (4)_____着 繁荣 和 壮大，会 给 看到 它 的 人 (5)_____ 好运。最近，还 新 (6)_____ 了 不少 "超级 澡堂"。在 超级 澡堂里，人们 可以 泡澡、(7)_____ 桑拿，还 可以 品尝 美食、理发、按摩，(8)_____ 方便 (9)_____ 经济。

第 17 課

セクション1

★到達目標

□ 距離を伝えられる。
□ 2つの動作行為が同時進行していることを表現できる。
□ ある事態が起こったばかりであることを伝えられる。

スキット⑴ 雲南旅行の話⑴　　（小婷、丽丽）

🎧268

🎧266
1. 音声が聞こえた順に［ ］に番号を書きなさい。音声が流れなかったものには×をつけなさい。

［ ］携帯型の　　　［ ］特産物　　　［ ］休暇　　　［ ］贈り物
［ ］鑑賞する　　　［ ］考える　　　［ ］海抜　　　［ ］景色
［ ］現れる　　　　［ ］気を遣う

🎧267
2. 音声に基づいて、下線部にピンインを書き入れなさい。

① ＿＿＿＿＿ wǒ gěi nǐ dài shénme lái le?

② Tài ＿＿＿＿＿ le!

③ Nǐ ＿＿＿＿＿ qùle Yúnnán de nǎxiē ＿＿＿＿＿?

④ Wǒ ＿＿＿＿＿＿＿＿＿ kǎolǜ xià cì ＿＿＿＿＿ qù nǎr ne.

⑤ Xiàle dēngshān ＿＿＿＿＿, jiù yìbiānr xī yǎng yìbiānr ＿＿＿＿＿
　 fēngjǐng.

268

3. スキットの内容と合っていれば○、間違っていれば×を入れなさい。

① ［ ］鲜花饼是小婷给丽丽带的礼物。

② ［ ］小婷还没有吃过鲜花饼。

③ ［ ］丽丽打算下次假期去外地。

④ ［ ］小婷是坐登山缆车上的玉龙雪山。

⑤ ［ ］在玉龙雪山一带可能出现高原反应。

268

4. スキットの音声に基づいて、空欄を簡体字で埋め、意味を確認しなさい。

① 小婷：丽丽，_____ 我 给 你 带 什么 来 了？
这 是 云南 的 _____——鲜花饼。

② 丽丽：小婷，你 去 云南 了 呀？
还 给 我 带 了 _____，太 _____ 了！

③ 小婷：我 在 当地 _____ 吃到 这 个 饼，
_____ 知道 你 一定 会 喜欢，想 让 你 也 _____。

④ 丽丽：你 _____ 去了 云南 的 哪些 _____？
你 _____ 回来，跟 我 说说 吧。
我 _____ 考虑 下 次 假期 去 哪儿 呢。

⑤ 小婷：我 去了 丽江 的 玉龙 雪山 _____ 古城。

⑥ 丽丽：玉龙 雪山 _____ 海拔 不 _____ 吧？
_____ 出现 高原 反应 吗？

⑦ 小婷：我 准备了 _____ 个 便携 氧气 罐儿。
_____了 登山 缆车，
就 _____ 吸 氧 _____ 欣赏 风景。

スキット(2) 雲南旅行の話(2) 　　　（小婷、丽丽）

271

269

5. 音声が聞こえた順に［ ］に番号を書きなさい。音声が流れなかったものには×をつけなさい。

［ ］昼間　　　　　［ ］コスト　　　［ ］〜の中に入る　　　［ ］観光地

［ ］「いいね」をクリックする　　　［ ］青い空　　　　　［ ］草原

［ ］覚えている　　　［ ］もう少しで

142

6. 音声に基づいて、下線部にピンインを書き入れなさい。

① Wǒ chàdiǎnr _____ zìjǐ zǒujìnle yì _____ huàr.

② _____ gěi wǒ diǎnzàn.

③ _____ Lìjiāng shìqū _____ ma?

④ Yí dào _____, gǔchéngli de jiànzhù jiù _____ dǎshang dēngguāng.

⑤ _____ báitiān _____ piàoliang.

7. スキットの内容と合っているものを選びなさい。

① 小婷没有在玉龙雪山看到的是哪个？
   A. 牧马　　　　B. 牦牛　　　　C. 风马旗　　　　D. 画儿

② 小婷让丽丽做什么？
   A. 拍照片　　　B. 点赞　　　　C. 打上灯光　　　D. 搬到新城区

③ 纳西族人现在主要住在哪儿？
   A. 雪山　　　B. 微信朋友圈儿　C. 丽江古城　　　D. 新城区

④ 以下的说法哪个对？
   A. 小婷没有拍玉龙雪山的照片。
   B. 丽江古城离市区不太近。
   C. 晚上的丽江古城更漂亮。
   D. 新城区的生活成本高一些。

8. スキットの音声に基づいて空欄を簡体字で埋め、意味を確認しなさい。

① 小婷： 从 蓝天 白云____ 壮丽 的 雪山， 到 青青 草地____
　　　　的 牧马、牦牛 和 五彩 的 风马旗……
　　　　我 _____ 以为 自己 走进了 一 _____ 画儿。

② 丽丽： 小婷，有 _____ 吗？给 我 看看。

③ 小婷： 回头 我 _____到 微信 朋友圈儿里，
　　　　丽丽，记得 _____ 我 点赞！

④ 丽丽： 那 还 _____ 说 吗？丽江 古城 呢？
　　　　_____ 丽江 市区 远 吗？

⑤ 小婷： 丽江 古城 和 玉龙 雪山 ____ 离 市区 都 不 太 远。
　　　　____ 到 晚上，古城 里 的 建筑 ____ 被 打上 灯光，
　　　　比 白天 _____ 漂亮。

⑥　丽丽：听说 古城里 住＿＿＿＿ 的 主要 是 纳西族 的 居民。

⑦　小婷：以前 是 ＿＿＿＿，

　　　　＿＿＿＿ 古城 成为 世界 遗产 和 旅游 景点，

　　　　很 多 纳西族 的 居民 就 ＿＿＿＿到 新 城区 住 了，

　　　　那里 的 生活 成本 ＿＿＿＿ 一些。

★まとめドリル

1　スキット(1)(2)の内容に基づいて、空欄を簡体字で埋め、音読しなさい。

　　丽丽 从 云南 回来 了，给 我 (1)＿＿＿ 了 那里 的 特产。她 在 云南 的 时候，去了 丽江的 玉龙 雪山 和 古城。这 两 个 景点 (2)＿＿＿ 丽江 市区 都 不 太 (3)＿＿＿。玉龙 雪山 海拔 不 (4)＿＿＿，可能 会 出现 高原 反应，但是 (5)＿＿＿ 非常 美。(6)＿＿＿ 比 (7)＿＿＿ 还 漂亮 的 丽江 古城 以前 住着 很 多 纳西族 的 居民，但 成为 世界 (8)＿＿＿ 和 旅游 (9)＿＿＿ 以后，他们 就 搬到 生活 (10)＿＿＿ 低 一些 的 新 (11)＿＿＿ 去 了。

★到達目標

□ 自宅へ招待することを伝えられる。
□ 否定のバリエーションを身につける。
□ ある情報の真偽を相手に確認させる表現を身につける。

スキット(3) 会いにいくよ！ （美和と小婷の WeChat 通話）

🎧274

🎧272
1. 音声が聞こえた順に［ ］に番号を書きなさい。音声が流れなかったものには×をつけなさい。

[ ] 明後日　　　[ ] 年越しの食事　　　[ ] 期末テスト
[ ] 帰る　　　　[ ] 休みになる　　　[ ] 春節　　　[ ] 実家
[ ] 見たところ～のようだ　　　　　[ ] とどまる　　[ ] 旧正月を祝う

🎧273
2. 音声に基づいて、下線部にピンインを書き入れなさい。

① Jīntiān ＿＿＿＿ kǎowán qīmò kǎoshì, zhōngyú yào ＿＿＿＿ le.

② ＿＿＿＿ wǒ liánxìde ＿＿＿＿ shì shíhou.

③ Yǒu kòngr ＿＿＿＿ ge ＿＿＿＿ ma?

④ Zánmen ＿＿＿＿ chī niányèfàn, ＿＿＿＿ kàn chūnwǎn.

🎧274
3. スキットの内容と合っていれば○、間違っていれば×を［ ］に入れなさい。

① ［ ］美和刚考完期末考试。
② ［ ］小婷是杭州人。
③ ［ ］小婷现在在杭州。
④ ［ ］美和打算先去杭州，然后去成都。
⑤ ［ ］今年的春节是二月十号。

🎧274
4. スキットの音声に基づいて、空欄を簡体字で埋め、意味を確認しなさい。

① 美和：嗨，小婷，好 ＿＿＿ 不 见 了，＿＿＿ 怎么样？

145

② 小婷：美和，好 _____ 不 见！今天 刚 _____ 期末 考试，

　　　　_____ 要 放假 了！

③ 美和：_____ 我 _____得 正 是 时候。

　　　　我 _____ 你 老家 在 杭州 吧？

④ 小婷：没 错儿，我 是 杭州人。_____ 回去。

⑤ 美和：_____ 我 打算 去 中国，要 在 杭州 _____ 几 天，

　　　　有 空儿 _____ 个 _____ 吗？

⑥ 小婷：你 从 几 号 _____到 几 号？

⑦ 美和：____ 二 月 十 号 ____ 十八 号 在 杭州，

　　　　然后 去 成都。

⑧ 小婷：那 太 _____ 了！今年 的 春节 是 二 月 十二 号。

　　　　你 来 我 家 过年 吧。咱们 _____ 吃 年夜饭，

　　　　_____ 看 春晚。

🎧277

🎧275

5. 音声が聞こえた順に［ ］に番号を書きなさい。音声が流れなかったものには×をつけなさい。

［ ］飛行機のチケット　　　［ ］杭州の人　　　［ ］迷惑をかける

［ ］（試験を）受ける　　　［ ］予約する　　　［ ］記憶力　　　［ ］悪い

🎧276

6. 音声に基づいて、下線部にピンインを書き入れなさい。

① Nà tài _____ nǐmen yì jiā le ba.

② Zhè ge _____ lí Chūnjié hěn jìn, jīpiào _____ jǐnzhāng de.

③ Qù nǐ jiā _____ shénme _____ hǎo ne?

④ Nǐ _____ zhēn bú _____.

🎧277

7. スキットの内容と合っているものを選びなさい。

① 美和怎么订机票？
　A. 打电话　　　B. 发微信　　　C. 发短信　　　D. 上网

146

② 以下哪个说法对？

    A. 小婷和美和是在日本认识的。   B. 美和订机票的时候很紧张。

    C. 小婷一家人很欢迎美和去他们家。   D. 美和的记性不太好。

③ 以下说法哪个不对？

    A. 小婷一家人都想见到美和。   B. 春节之前机票不太好买。

    C. 小婷不让美和带礼物去她家。   D. 美和知道小婷喜欢吃的东西。

🎧277

8. スキットの音声に基づいて空欄を簡体字で埋め、意味を確認しなさい。

① 美和：那 太 _____ 你们 一 _____ 了 吧，小婷？

② 小婷：_____ 的 话。我 家里人 都 很 _____ 你，美和。

        他们 _____ 你 是 我 的 日本 朋友，

        _____ 个 月 前 就 说 想 _____ 你 了。

③ 美和：那 我 _____ 一会儿 就 去 网上 _____ 机票。

④ 小婷：你 还 没 _____ 票 啊？ _____ 去 吧，

        这 个 时间 _____ 春节 很 近，机票 _____ 紧张 的。

⑤ 美和：对了，去 你 家 带 什么 _____ 好 呢？

⑥ 小婷：我 想想 啊。____ 你 能 来，我们 已经 很 高兴 了。

⑦ 美和：我 _____ 忘了，你 是 不 是 _____ 吃 草莓 大福？

⑧ 小婷：对，你 记性 _____ 不 赖！

★まとめドリル

1 スキット(3)(4)の内容に基づいて、次の文章の空欄を簡体字で埋め、音読しなさい。

    假期 我 打算 去 中国。(1)_____ 在 杭州 的 小婷 (2)_____ 我 要 先 在 杭州 待 几 天，就 (3)_____ 我 去 她 家 (4)_____，一边儿 吃 (5)_____，一边儿 看 (6)_____。我 担心*(7)_____ 她们 一 家，可是 她 说 她 (8)_____ 也 早就 想 见见 我 了。我 还 没有 (9)_____ 机票。小婷 让 我 快 订，因为 要 到 春节 (10)_____，机票 可能 会 比较 (11)_____。我 想(12)_____，小婷 最 喜欢 吃 草莓 大福，所以 我 决定 (13)_____ 草莓 大福 去 她 家。

    *担心 dānxīn 心配する

147

第 18 課

★到達目標

☐ 基本的な中国語のスピーチの仕方を知る。
☐ 否定の誇張表現（少しも〜ない）が使える。
☐ 動詞 "给" を使った二重目的語文がいえる。
☐ 自分の意思表明に使役表現（〜させていただく）が使える。

スキット⑴ 留学修了式にて：留学生代表スピーチ⑴

🎧280

🎧278
1. 音声が聞こえた順に ［ ］ に番号を書きなさい。音声が流れなかったものには×をつけなさい。

［ ］離れる　　　　　［ ］充実している　　　［ ］代表する
［ ］第一に　　　　　［ ］感謝する　　　　　［ ］レベル　　　［ ］食事
［ ］式　　　　　　　［ ］客好きである　　　［ ］別れるのがつらい

🎧279
2. 音声に基づいて、下線部にピンインを書き入れなさい。

① Zūnjìng de lǎoshīmen, qīn'ài de tóngxuémen, ＿＿＿＿＿ nǐmen gěi
wǒ zhèi ge jīhuì, ràng wǒ ＿＿＿＿＿ liúxuéshēng, zài jiéyè
＿＿＿＿＿shang shuō jǐ jù ＿＿＿＿＿.

② Wǒ jīhū yí jù Hànyǔ dōu ＿＿＿＿＿, yě bù zěnme xíguàn zhèli de
＿＿＿＿＿.

③ Nàshí juéduì _____, yì nián yǐhòu, wǒ huì shēnshēn de àishàng
   zhèli, _____ líkāi.

④ Zěnme jiāo xuésheng hǎo _____, lǎoshīmen jiù zěnme _____,
   kèhòu yě yǒu wèn bì dá, _____.

⑤ Méiyou gèwèi lǎoshī, wǒ de Hànyǔ _____ bù kěnéng _____
   zhème dà de _____.

⑥ Tāmen rèqíng, _____, zài kèyú shíjiān dài wǒ pǐncháng měishí,
   _____, jiāoyóu, hái qǐng wǒ qù jiāli _____.

🎧280
3. スキットの内容と合っていれば〇、間違っていれば×を入れなさい。

① 〔　〕这个留学生来留学以前就能听懂一些汉语。
② 〔　〕这个留学生在这里留了一年学。
③ 〔　〕这个留学生的汉语水平取得了很大的进步。
④ 〔　〕这个留学生去他的老师家做过客。

🎧280
4. スキットの音声に基づいて、空欄を簡体字で埋め、意味を確認しなさい。

① _____ 的 老师们、_____ 的 同学们，感谢 你们 给 我 这 个 机会，
   _____ 我 代表 留学生，在 结业 典礼上 说 几 _____ 心里话。

② _____ 来 的 时候，我 几乎 一 句 汉语 都 _____，也 不 _____
   习惯 这里 的 饭菜。

③ 那时 绝对 _____，一 年 以后，我 会 深深 地 爱上 这里，_____
   离开。

④ 首先 _____ 的 是 这里 的 老师。

⑤ 老师们 _____ 把 学生 _____ 第 一 位。

⑥ _____ 教 学生 _____ 懂，老师们 就 _____ 教，课后 也 有 问 必
   答，不 厌 其 烦。

⑦ 没有 各位 老师，我 的 汉语 _____ 不 _____ 取得 这么 大 的 进步。

⑧ _____ 是 我 的 中国 朋友。

⑨ 他们 热情、好客，在 课余 时间 _____ 我 品尝 美食、运动、郊游，
   还 _____ 我 去 家里 做客。

⑩ 认识了 他们 _____，我 每天 都 _____ 特别 充实。

スキット⑵ 留学修了式にて：留学生代表スピーチ⑵

🎧281

5. 音声が聞こえた順に［ ］に番号を書きなさい。音声が流れなかったものには×をつけなさい。

［ ］自信　　　［ ］満ち溢れている　　［ ］記憶　　　　［ ］汗

［ ］図書館　［ ］ひいては　　　　　　［ ］忘れる　　　［ ］励ます

［ ］肌の色　［ ］互いに磨き合い研究し合う

🎧282

6. 音声に基づいて、下線部にピンインを書き入れなさい。

①　Wǒmen _____ bùtóng, wénhuà gè yì, _____ fūsè yě bù yíyàng.

②　Shì _____ hé duì Hànyǔ de xìngqù, _____ wǒmen jùdào zhèli.

③　Zài liúxué de rìzili, wǒmen _____ qiēcuō, bǐcǐ _____, nǐ zhuī

　　wǒ _____, yě hù bāng hù _____.

④　Wǒ bú huì _____ qīngchén xiàoyuánli de lǎnglǎng _____.

⑤　Shēnyèli _____ liàngzhe de túshūguǎn de _____.

⑥　Qiúchǎngshang huīsǎxia de _____.

⑦　Shítáng de bāozi chūlóng shí de _____.

⑧　Huòjiǎng zhèngshū de nà zhǒng _____.

⑨　Wǒ huì dàizhe zhè xiē _____ de jìyì, chōngmǎn zìxìn de _____

　　xīn de _____.

⑩　Zhù lǎoshīmen gōngzuò _____, tóngxuémen shíxiàn _____,

　　dàjiā xìngfú _____! Zhù wǒmen de mǔxiào _____!

🎧283

7. スキットの内容と合っていれば○、間違っていれば×を［ ］に入れなさい。

①　［ ］这里的留学生都是从日本来的。

②　［ ］这个留学生来留学是因为他对汉语有兴趣。

③　［ ］这个留学生没有接受过别的留学生的帮助。

④　［ ］这个留学生参加过中文卡拉 OK 比赛。

🎧283

8. スキットの音声に基づいて、空欄を簡体字で埋め、意味を確認しなさい。

① 还有 跟 我 _____ 的 留学生。

② 我们 母语 不同，_____ 各 异，_____ 肤色 也 不 一样。

③ 是 缘分 _____ 对 汉语 的 兴趣，_____ 我们 聚到 这里。

④ 在 留学 的 _____里，我们 _____ 切磋，_____ 鼓励，你 追 我 赶，也 互 帮 互 助。

⑤ 我 不 会 忘记 清晨 _____里 的 朗朗 晨读，

⑥ 不 会 忘记 深夜里 还 亮着 的 _____ 的 台灯，

⑦ 不 会 忘记 _____上 挥洒下 的 _____，

⑧ 不 会 忘记 _____ 的 _____ 出笼 时 的 香气，

⑨ 不 会 忘记 中文 卡拉 OK _____ 获奖 _____ 的 那 种 触感……

⑩ 我 会 _____ 这 些 宝贵 的 记忆，充满 _____ 地 迎接 新 的 挑战。

⑪ 最后，_____ 老师们 工作 顺利，同学们 实现 _____，大家 幸福 安康！

⑫ 祝 我们 的 母校 _____ 来 _____ 好！

151

セクション2

★到達目標

□ 時間の推移に従って徐々に起こる変化を表現できる（"越来越"）。
□ 疑問詞の呼応表現（疑問詞連鎖構文）を使って、対象を指示することができる。

スキット(3) 留学修了式にて：教員代表スピーチ(1)

🎧286

🎧284
1. 音声が聞こえた順に［ ］に番号を書きなさい。音声が流れなかったものには×をつけなさい。

［ ］身につける　　［ ］〜に変わる　　　［ ］本心から発する
［ ］〜以外に　　　［ ］骨身を惜しまない　［ ］心から
［ ］かつて　　　　［ ］悟る　　　　　　　［ ］誇りに思う
［ ］疑う

🎧285
2. 音声に基づいて、下線部にピンインを書き入れなさい。

① Qǐng _____ wǒ dàibiǎo xuéyuàn de lǎoshī, xiàng nǐmen biǎoshì
_____ de zhùhè!

② Jīngguò yì nián de _____ nǔlì, nǐmen xué yǒu _____ chéng,
shùnlì jiéyè, wǒ _____ de _____ nǐmen gǎndào gāoxìng hé
_____.

③ Búguò zài jīntiān, _____ de bù'ān dōu _____le mǎnmǎn de
zìxìn.

④ Wǒ xiǎng, zhè _____ shì yīnwèi nǐmen de Hànyǔ shuǐpíng
_____ gāo, _____ yuè lái yuè dà, gèng shì _____
nǐmen xuéhuìle zěnyàng zìjǐ kèfú shēnghuózhōng yùdào de gè zhǒng
_____.

⑤ Wǒ yìdiǎnr yě bù _____, xiànzài nǐmen yídìng yǐjīng shēnshēn de
_____le zhè yì diǎn.

152

🎧286

3. スキットの内容と合っていれば○、間違っていれば×を［ ］に入れなさい。

① ［ ］ 留学生们刚来的时候非常自信。

② ［ ］ 留学生们在留学中一点儿困难都没有遇到过。

③ ［ ］ 学语言和专业知识是留学的所有目的。

④ ［ ］ 老师相信留学生们今后能自己克服困难。

🎧286

4. スキットの音声に基づいて、空欄を簡体字で埋め、意味を確認しなさい。

① 同学们, 首先, 请 _____ 我 _____ 学院 的 老师, _____ 你们 _____ 衷心 的 祝贺!

② 经过 _____ 的 刻苦 努力, 你们 学 有 所 成, 顺利 结业, 我 由衷 地 _____ 你们 感到 高兴 和 自豪。

③ 还 记得 第 一 次 见到 你们 的 时候, 你们 的 脸上 _____ 兴奋, 更 多 的 是 不安。

④ 不过 在 今天, 当时 的 不安 都 变成了 满满 的 _____。

⑤ 我 想, 这 不仅 是 _____ 你们 的 汉语 水平 _____ 高, 进步 _____ 大, 更 是 因为 你们 学会了 怎样 _____ 克服 生活中 遇到 的 各 种 困难。

⑥ 我 曾经 _____过 你们 留学 的 目的 绝 不 _____ 是 学 语言 和 专业 知识。

⑦ 我 _____ 也 不 怀疑, 现在 你们 _____ 已经 深深 地 领悟了 这 一 _____。

スキット(4)　留学修了式にて：教員代表スピーチ(2)

🎧289

🎧287

5. 音声が聞こえた順に［ ］に番号を書きなさい。音声が流れなかったものには×をつけなさい。

［ ］親友　　　　［ ］付き合う　　　［ ］討論する　　　［ ］開け放つ

［ ］知り合いになる　　　　　［ ］尽きる　　　［ ］永遠に

［ ］価値　　　［ ］分析する　　　［ ］先入観

6. 音声に基づいて、下線部にピンインを書き入れなさい。

① Nǐmen yǔ láizì _____ gèdì de tóngxuémen _____ gè zhǒng
gè yàng de wèntí, _____ le gèng duō _____ hé fēnxī wèntí
de bùtóng _____.

② Zài _____ pǔtōng shìmín jiāowǎng de _____ li, nǐmen
rènshidào _____ "xiān rù wéi zhǔ" hé kèbǎn yìnxiàng de _____.

③ Yǒude rén hái zài zhèli _____ le hěn duō péngyǒu, shènzhì
zhǎodàole rénshēng de _____.

④ Wǒ méiyou bànfǎ _____ nǐmen zài liúxuézhōng dédào de
suǒyǒu _____,

⑤ Zhè xiē shōuhuò shì nǐmen _____ cáifù zhōng _____ yǒu
jiàzhí de nà yì _____.

⑥ Huānyíng nǐmen cháng _____ _____ kànkan

⑦ Zhè ge jiā de dàmén _____ xiàng nǐmen _____.

7. スキットの内容と合っていれば○、間違っていれば×を［ ］に入れなさい。

① ［ ］留学生们会在课堂里讨论问题。
② ［ ］留学生们没有机会与普通市民交往。
③ ［ ］刻板印象应该排除。
④ ［ ］留学生们在留学的时候得到了很多钱。
⑤ ［ ］留学生们结业以后也可以经常回到学院看看。

8. スキットの音声に基づいて、空欄を簡体字で埋め、意味を確認しなさい。

① 在 课堂_____，你们 与 _____ 世界 各 地 的 同学们 讨论 各 种 各 样
的 问题，_____了 更 多 看待 和 分析 问题 的 不同 角度。

② 在 课堂_____，在 与 普通 市民 交往 的 过程里，你们 认识到 排除
"先 入 为 主" 和 刻板 印象 的 _____。

③ 你们中 有的 人 还 在 这里 _____了 很 多 朋友，_____ 找到了 人生
的 知己。

④ 我 没有 _____ 穷尽 你们 在 留学中 得到 的 _____ 收获，但是 我
_____ 说，这些 收获 是 你们 人生 财富中 _____ 有 价值 的 那 一
笔。

⑤ 同学们，请 ＿＿＿＿＿ 忘记 学院 是 你们 在 中国 的 一 个 家。

⑥ ＿＿＿＿＿ 你们 常 回 家 看看，想 什么 时候 来 ＿＿＿＿＿ 什么 时候 来，这 个 家 的 大门 永远 向 你们 敞开。

⑦ ＿＿＿＿＿，祝 你们 鹏 程 万 里，飞＿＿＿＿＿ 更 高 更 远！

チャレンジ編

　ノーベル文学賞を受賞した莫言氏（1955 年〜　）が
スウェーデンアカデミーで講演した際の講演内容である。
一部表現を書き換えている。
　なお講演内容に登場する新出語句については，簡体字・
ピンイン・日本語訳を練習問題の冒頭に提示している。
予習などに役立ててほしい。

チャレンジ 1　莫言が語った、とある小さなできごと

🎧291
新出語句

☐	多	duō	〜余り
☐	部队	bùduì	部隊　軍隊
☐	办公室	bàngōngshì	事務室
☐	看书	kàn shū	本を読む
☐	老长官	lǎo zhǎngguān	年老いた長官
☐	推门	tuī mén	ドアを押す
☐	进来	jìnlai	入ってくる
☐	看一眼	kàn yì yǎn	ちらっと見る
☐	位置	wèizhì	場所　席
☐	自言自语	zì yán zì yǔ	独り言
☐	高声	gāo shēng	大声で
☐	红	hóng	赤くする
☐	尴尬	gāngà	困惑げだ
☐	得意	déyì	得意になる
☐	英勇	yīngyǒng	並外れて勇敢だ
☐	斗士	dòushì	闘士
☐	但	dàn	しかし
☐	内疚	nèijiù	気がとがめる　後ろめたい

🎧292
スキットの内容と合っているものを選びなさい。

① 他以前在什么地方工作过？

　A. 诊所　　　　　B. 学校　　　　　C. 部队　　　　　D. 办公室

② 老长官什么时候进的办公室？

　A. 上午　　　　　B. 中午　　　　　C. 下午　　　　　D. 晚上

③ 老长官进办公室的时候，办公室里有几个人？

　A. 没有人　　　　B. 一个人　　　　C. 两个人　　　　D. 三个人

④ 他对老长官说的话是什么意思?

　A. 老长官不应该一个人来。　　　B. 老长官不应该那个时候来。

　C. 老长官不应该说那样的话。　　D. 老长官不应该不经过他的同意就进来。

⑤ 老长官听了他的话以后,感觉怎么样?

　A. 很高兴。　　　B. 很得意。　　C. 很舍不得。　　D. 很不好意思。

⑥ 他当时为什么很得意?

　A. 因为觉得自己很会开玩笑。　　B. 因为觉得自己很认真。

　C. 因为觉得自己很有号召力。　　D. 因为觉得自己很英勇。

チャレンジ 2　莫言が語った雨宿りの物語り

🎧 293
新出語句

☐	泥瓦匠	níwǎjiàng	左官
☐	避	bì	避ける
☐	场	cháng	（風雨、戦闘、災害などの回数を数える）
☐	暴风雨	bàofēngyǔ	暴風雨 あらし
☐	躲进	duǒjìn	避けて入る
☐	座	zuò	～棟（建造物を数える）
☐	破	pò	ぼろぼろだ
☐	庙	miào	祠（ほこら）廟（道教の寺院）
☐	外边	wàibian	外
☐	雷声	léi shēng	雷の音
☐	火球	huǒqiú	球電（雷の電気によって生じる放電現象の一種）
☐	来回	láihuí	行ったり来たりする
☐	滚	gǔn	転がる
☐	传来	chuánlai	伝わってくる
☐	可怕	kěpà	恐ろしい
☐	害怕	hàipà	怖がる
☐	声音	shēngyīn	音
☐	极了	jíle	とても（形容詞の後につけて程度が最高であることを表す）
☐	干	gàn	する
☐	伤天害理	shāng tiān hài lǐ	極悪非道
☐	坏事	huàishì	悪事
☐	走出	zǒuchū	出て行く
☐	惩罚	chéngfá	処罰する
☐	不要	búyào	～するな
☐	好人	hǎorén	善人
☐	牵连	qiānlián	巻き添えにする
☐	受到	shòudào	受ける
☐	自然	zìrán	当然
☐	提议	tíyì	提案する
☐	草帽	cǎomào	麦わら帽子
☐	抛	pāo	投げる

☐	刮	guā	（風が）吹く
☐	说明	shuōmíng	説明する　証明している
☐	于是	yúshì	そこで
☐	卷	juǎn	巻く
☐	叫	jiào	～に…させる（"叫+人+動詞"の形で、人に～させる）
☐	抬	tái	持ち上げる
☐	庙门	miàomén	山門
☐	扔出	rēngchū	放り出す
☐	塌	tā	崩れる

🎧294

1．スキットの内容と合っていれば○、間違っていれば×を［ ］に入れなさい。①②③④⑤⑥

① ［ ］那八个泥瓦匠在老家打工。

② ［ ］那八个泥瓦匠遇到了一场暴风雨。

③ ［ ］雨下得越来越大。

④ ［ ］破庙里来回滚着好几个火球。

⑤ ［ ］那八个泥瓦匠谁都不愿意走出庙门去。

🎧295

2．スキットの内容と合っているものを選びなさい。

① 以下哪个说法对？

　　A. 有人提议把草帽往庙里抛。

　　B. 草帽坏了的人应该接受惩罚。

　　C. 有一个人的草帽没有被风刮进庙里。

　　D. 有一个人的草帽被泥瓦匠们扔出庙门。

② 以下说法哪个不对？

    A. 每个泥瓦匠都有一个草帽。

    B. 不愿意把草帽往外抛的人干了坏事。

    C. 只有一个人的草帽被卷出庙门去了。

    D. 最后破庙里有七个人。

チャレンジ 3　莫言が語った見学の物語り

🎧296
新出語句

☐	世纪	shìjì	世紀
☐	年代	niándài	年代
☐	组织	zǔzhī	企画する
☐	苦难	kǔnàn	苦難　苦しみ
☐	展览	zhǎnlǎn	展示
☐	学着	xuézhe	見習って
☐	放声大哭	fàng shēng dà kū	声を上げて泣く
☐	表现	biǎoxiàn	態度
☐	擦干	cāgān	きれいにぬぐい取る
☐	眼泪	yǎnlèi	涙
☐	口水	kǒushuǐ	唾液
☐	抹	mǒdào	塗りつける
☐	冒充	màochōng	偽る
☐	滴	yì dī	〜滴
☐	嘴里	zuǐli	口の中
☐	捂住	wǔzhù	覆う
☐	睁眼	zhēng//yǎn	大きく目を開ける
☐	流露	liúlù	現れる
☐	惊讶	jīngyà	驚く
☐	困惑	kùnhuò	戸惑う
☐	神情	shénqíng	表情
☐	事后	shìhòu	事が終わった後
☐	报告	bàogào	報告する
☐	行为	xíngwéi	行動
☐	警告处分	jǐnggào chǔfēn	戒告処分
☐	告密	gàomì	密告する
☐	忏悔	chànhuǐ	懺悔（ざんげ）する
☐	已	yǐ	すでに
☐	去世	qùshì	世を去る
☐	想起	xiǎngqǐ	思い出す
☐	歉疚	qiànjiù	うしろめたい

	悟到	wùdào	悟る
	表演	biǎoyǎn	演技

*苦难展览 kǔnàn zhǎnlǎn: 文革中、旧中国社会の人民の苦しい生活ぶりを模型や絵で見せ、共産党指導の新中国体制のありがたさを分からせるための展示会。

🎧297

1．スキットの内容と合っていれば○、間違っていれば×を入れなさい。

① [ ] 上世纪六十年代，学校组织学生去看电影。

② [ ] 我不想让老师看到我脸上的眼泪。

③ [ ] 有的学生用眼泪冒充口水。

④ [ ] 一些同学的表现让人惊讶或者困惑。

🎧298

2．スキットの内容と合っていれば○、間違っていれば×を入れなさい。

① [ ] 事后只有我向老师告了密。

② [ ] 这个同学因为没有哭受到了学校的处分。

③ [ ] 十几个同学都感到抱歉和内疚。

④ [ ] 我现在觉得大家都哭的时候不应该不哭。

小嶋美由紀（関西大学外国語学部 教授）

李　佳　樑（東京大学大学院総合文化研究科 准教授）

聞いて話す 初級中国語インテンシブ　　　　　　　音声ダウンロード

2022 年 4月 6 日　初版発行
2024 年 3月 19 日　第3刷発行

著　者　　小嶋美由紀・李佳樑
発行者　　佐藤和幸
発行所　　白 帝 社
　　　　　〒 171-0014　東京都豊島区池袋 2-65-1
　　　　　電話　03-3986-3271　　FAX　03-3986-3272
　　　　　info@hakuteisha.co.jp　　https://www.hakuteisha.co.jp/
　　　　　　　　　　　　　　　　　印刷・製本　大倉印刷㈱

Printed in Japan 〈検印省略〉 6914　　　　　　　ISBN978-4-86398-454-7